本书出版获得中国社会科学院大学中央高校基本科研业务费资助支持

中国社会科学院大学文库

会计师职业道德守则制度变迁及影响因素研究

蒋 楠 著

社会科学文献出版社
SOCIAL SCIENCES ACADEMIC PRESS (CHINA)

"中国社会科学院大学文库"
总　序

恩格斯说："一个民族要想站在科学的最高峰，就一刻也不能没有理论思维。"人类社会每一次重大跃进，人类文明每一次重大发展，都离不开哲学社会科学的知识变革和思想先导。中国特色社会主义进入新时代，党中央提出"加快构建中国特色哲学社会科学学科体系、学术体系、话语体系"的重大论断与战略任务。可以说，新时代对哲学社会科学知识和优秀人才的需要比以往任何时候都更为迫切，建设中国特色社会主义一流文科大学的愿望也比以往任何时候都更为强烈。身处这样一个伟大时代，因应这样一种战略机遇，2017年5月，中国社会科学院大学以中国社会科学院研究生院为基础正式创建。学校依托中国社会科学院建设发展，基础雄厚、实力斐然。中国社会科学院是党中央直接领导、国务院直属的中国哲学社会科学研究的最高学术机构和综合研究中心，新时期党中央对其定位是马克思主义的坚强阵地、党中央国务院重要的思想库和智囊团、中国哲学社会科学研究的最高殿堂。使命召唤担当，方向引领未来。建校以来，中国社会科学院大学聚焦"为党育人、为国育才"这一党之大计、国之大计，坚持党对高校的全面领导，坚持社会主义办学方向，坚持扎根中国大地办大学，依托社科院强大的学科优势和学术队伍优势，以大院制改革为抓手，实施研究所全面支持大学建设发展的融合战略，优进优出、一池活水，优势互补、使命共担，形成中国社会科学院办学优势与特色。学校始终把立德树人作为立身之本，把思想政治工作摆在突出位置，坚持科教融合、强化内涵发展，在人才培养、科学研究、社会服务、文化传承创新、国际交流合作等方面不断开拓创新，为争创"双一流"大学打下坚实基础，积淀了先进的发展经验，呈现出蓬勃的发展态势，成就了今天享誉国内的"社科大"品牌。"中国社会科学院大学文库"就是学校倾力打造的学术品牌，如果将学校之前的学术研究、学术出版比作一道道清澈的溪流，"中国社会科学院大学文库"的推出可谓厚积薄发、百川归海，恰逢其时、意义深远。为其作序，我深感荣幸和骄傲。

高校处于科技第一生产力、人才第一资源、创新第一动力的结合点，是新时代繁荣发展哲学社会科学，建设中国特色哲学社会科学创新体系的重要组成部分。我校建校基础中国社会科学院研究生院是我国第一所人文社会科学研究生院，是我国最高层次的哲学社会科学人才培养基地。周扬、温济泽、胡绳、江流、浦山、方克立、李铁映等一大批曾经在研究生院任职任教的名家大师，坚持运用马克思主义开展哲学社会科学的教学与研究，产出了一大批对文化积累和学科建设具有重大意义、在国内外产生重大影响、能够代表国家水准的重大研究成果，培养了一大批政治可靠、作风过硬、理论深厚、学术精湛的哲学社会科学高端人才，为我国哲学社会科学发展进行了开拓性努力。秉承这一传统，依托中国社会科学院哲学社会科学人才资源丰富、学科门类齐全、基础研究优势明显、国际学术交流活跃的优势，我校把积极推进哲学社会科学基础理论研究和创新，努力建设既体现时代精神又具有鲜明中国特色的哲学社会科学学科体系、学术体系、话语体系作为矢志不渝的追求和义不容辞的责任。以"双一流"和"新文科"建设为抓手，启动实施重大学术创新平台支持计划、创新研究项目支持计划、教育管理科学研究支持计划、科研奖励支持计划等一系列教学科研战略支持计划，全力抓好"大平台、大团队、大项目、大成果"等"四大"建设，坚持正确的政治方向、学术导向和价值取向，把政治要求、意识形态纪律作为首要标准，贯穿选题设计、科研立项、项目研究、成果运用全过程，以高度的文化自觉和坚定的文化自信，围绕重大理论和实践问题展开深入研究，不断推进知识创新、理论创新、方法创新，不断推出有思想含量、理论分量和话语质量的学术、教材和思政研究成果。"中国社会科学院大学文库"正是对这种历史底蕴和学术精神的传承与发展，更是新时代我校"双一流"建设、科学研究、教育教学改革和思政工作创新发展的集中展示与推介，是学校打造学术精品、彰显中国气派的生动实践。

"中国社会科学院大学文库"按照成果性质分为"学术研究系列""教材系列""思政研究系列"三大系列，并在此分类下根据学科建设和人才培养的需求建立相应的引导主题。"学术研究系列"旨在以理论研究创新为基础，在学术命题、学术思想、学术观点、学术话语上聚焦聚力，推出集大成的引领性、时代性和原创性的高层次成果。"教材系列"旨在服务国家教材建设重大战略，推出适应中国特色社会主义发展要求、立足学术和教学前沿、体现社科院和社科大优势与特色、辐射本硕博各个层次、涵盖纸质和数字化等多种载体的系列课程教材。"思政研究系列"旨在聚焦重大理论问题、工作探索、实践经验等领域，推出一批思想政治教育领域具有影响力的理论和实践研究成果。文库将借助与社会科学文献出版社的战略合作，加大高层次成果的产出与传播。既突出学术研究的理论性、学术性和创新性，推出新时代哲学社会科学研究、教材编写和思政研究的最新理论成果；又注重引导围绕国家重大战略需求开展前瞻性、针对性、储备性政策研究，推出既通"天线"又接"地气"，能有效发挥思想库、智囊团作用的智库研究成果。文库坚持"方向性、开放式、高水平"的建设理念，以马克思主义为领航，严把学术出版的政治方向关、价值取向关、学术安全关和学术质量关。入选文库的作者，既有德高望重的学部委员、著名学者，又有成果丰硕、担当中坚的学术带头人，更有崭露头角的"青椒"新秀；既以我校专职教师为主体，也包括受聘学校特聘教授、岗位教师的社科院研究人员。我们力争通过文库的分批、分类持续推出，打通全方位、全领域、全要素的高水平哲学社会科学创新成果的转化与输出渠道，集中展示、持续推广、广泛传播学校科学研究、教材建设和思政工作创新发展的最新成果与精品力作，力争高原之上起高峰，以高水平的科研成果支撑高质量人才培养，服务新时代中国特色哲学社会科学"三大体系"建设。

历史表明，社会大变革的时代，一定是哲学社会科学大发展的时代。当代中国正经历着我国历史上最为广泛而深刻的社会变革，也正在进行着人类历史上最为宏大而独特的实践创新。这种前无古人的伟大实践，必将给理论创造、学术繁荣提供强大动力和广阔空间。我们深知，科学研究是永无止境的事业，学科建设与发展、理论探索和创新、人才培养及教育绝非朝夕之事，需要在接续奋斗中担当新作为、创造新辉煌。未来已来，将至已至。我校将以"中国社会科学院大学文库"建设为契机，充分发挥中国特色社会主义教育的育人优势，实施以育人育才为中心的哲学社会科学教学与研究整体发展战略，传承中国社会科学院深厚的哲学社会科学研究底蕴和 40 多年的研究生高端人才培养经验，秉承"笃学慎思明辨尚行"的校训精神，积极推动社科大教育与社科院科研深度融合，坚持以马克思主义为指导，坚持把论文写在大地上，坚持不忘本来、吸收外来、面向未来，深入研究和回答新时代面临的重大理论问题、重大现实问题和重大实践问题，立志做大学问、做真学问，以清醒的理论自觉、坚定的学术自信、科学的思维方法，积极为党和人民述学立论、育人育才，致力于产出高显示度、集大成的引领性和标志性原创成果，倾心于培养又红又专、德才兼备、全面发展的哲学社会科学高精尖人才，自觉担负起历史赋予的光荣使命，为推进新时代哲学社会科学教学与研究，创新中国特色、中国风骨、中国气派的哲学社会科学学科体系、学术体系、话语体系贡献社科大的一份力量。

（张政文　中国社会科学院大学党委常务副书记、校长、中国社会科学院研究生院副院长、教授、博士生导师）

前　言

　　作为一种重要的社会意识形态，道德不仅是长期历史发展的产物，也反映出一个国家的经济基础。随着中国经济社会的快速发展，社会制度发生了深刻变革，这必然引发道德的变化。从宏观层面来看，作为中国特色社会主义法治道路的组成元素之一，德治是推动国家治理体系和治理能力现代化的重要力量。以德治国强调以社会公德、职业道德和个人品德的建设为着力点，通过培育正确的道德判断和道德责任，提高道德实践能力，建立与社会主义市场经济体制相适应、与社会主义法律体系相匹配的道德规范，使其成为全社会及各个行业能够共同认可并自觉遵守的行为规范。我们所走出的一条中国特色社会主义法治道路的鲜明特点就是坚持依法治国和以德治国相结合。只有实现法治和德治紧密结合、相辅相成、相得益彰，才能够为中国特色社会主义国家治理汇聚强大的道德力量，更好地提高国家治理体系和治理能力现代化水平。从微观层面来看，高质量的会计信息不仅需要高质量的会计准则和审计准则的规范指导，更与提供专业服务的会计人员的道德品行密切相关。近年来，资本市场发生的会计师财务造假、审计师未勤勉尽责等一系列重大舞弊事件，几乎都与会计师的违规和不当行为有密切关联，这不仅对专业人员的声誉造成了极坏的影响，严重侵蚀了行业的公信力，更是严重损害了公众利益，使部分公众的信任降至最低点。这无一不凸显出会计职业道德建设的必要性和紧迫性。公开透明的会计信息不仅能够提高市场的资源配置效率，有助于维护资本市场的有效运转，更是促进经济高质量发展的关键所在。

　　本书正文部分共九章，分别按照绪论，文献综述，会计职业道德的起源、形成和发展，会计师职业道德守则的理论基础，中美及国际职业会计师道德守则变迁分析，会计师职业道德守则变迁的影响因素分析，主要结论与政策建议的逻辑顺序展开。其中，第四章到第八章为本书的核心部分，从不同维度系统梳理美国及国际职业会计师道德守则变迁后，结合中国注册会计师职业道德守则历年的修订情况，提炼并总结了影响职业道德守则变迁的因素。截至目前，涉及职业道德特别是与会计行业有关的职业道德方面的专著较少。本书的主要贡献在于以下方面。

第一，夯实职业道德的理论基础。针对当前会计师职业道德研究缺乏经济学、管理学、社会学等专业理论支撑的现状，本书分别从委托代理理论、财务舞弊理论、不完全契约理论、社会责任理论和制度变迁理论出发，就职业道德产生的原因、发挥的作用和机制、修订的动机及过程进行了全面阐述，为职业道德这一制度规范提供了全面、丰富的理论支持。

第二，通过对中国、美国及国际职业会计师道德守则内容的系统研究，提炼并总结了影响职业道德守则变迁的因素，包括文化因素、法律制度、技术进步、公众期望、执业环境和经济发展水平等，并结合守则中的具体条款内容进行了介绍、叙述和分析。

第三，从职业道德守则的概念框架出发，根据规则应用条款，基于"大智移云"的新技术背景，结合中美跨境监管及我国高质量发展等要求，对数字经济时代会计师职业道德守则的建设及未来发展趋势进行了分析和展望。

第四，兼具理论性与实务性。结合近年来资本市场的典型舞弊案例，包括瑞幸咖啡、亚太事务所、康美药业、康得新等，针对违反职业道德守则的不同情况展开具体分析，从而将理论基础、职业道德守则的规定要求及社会责任的履行等融为一体。

目 录

第一章 绪论

一 研究背景和意义

（一）研究背景

1. 理论背景

作为资本市场健康发展的灵魂和生命线，上市公司披露的会计信息质量一直是理论界和实务界关注的热点问题。一方面，上市公司披露的会计信息是投资者决策的重要依据，会计信息的质量直接关系到投资者的合法权益，特别是高质量的会计信息能够减少信息不对称，增加整体透明度，为实现契约目的提供了保障（Watts & Zimmerman，1986）；另一方面，真实、公允、相关且可靠的会计信息是资本市场定价和公平交易的基础，高质量的会计信息可以降低股权和债务资本成本（Francis et al.，2004），提高市场流动性（Diamond & Verrecchia，1991），提升公司业绩和竞争力，直接关乎市场的运行效率和效果，更是推动资本市场高质量发展的重要前提。为了更好地促进我国经济发展，提高资本配置效率，充分发挥资本市场的作用，党的二十大报告明确提出要"健全资本市场功能，提高直接融资比重"，并将其作为构建高水平社会主义市场经济体制的一个重要方面。随着我国注册制改革的全面实施，高质量的信息披露在推进市场公开、透明和公平交易方面的重要作用愈发凸显。

对于具体的会计信息质量特征，美国财务会计准则委员会（Financial Accounting Standards Board，FASB）发布的第8号财务会计概念公告《会计信息质量特征》（Qualitative Characteristics of Accounting Information）和国际会计准则理事会（International Accounting Standards Board，IASB）发布的《财务报表编制与列报框架》（The Framework for the Preparation and Presentation of Financial Statements）中都给予了持续的更新和完善。值得一提的是，美国财务会计准则委员会首次将会计信息质量特征分为基本质量特征（fundamental qualitative characteristics）、增进质量特征（enhancing qualitative characteristics）和信息约束条件（constrain on the information）三个层次。其中，基本质量特征包括相关性、重要性与如实反映；增进质量特征包括可比性、可稽核性、及时性与可理解性；信息约束条件指成本与效益性。以此为基础，从20世纪70年代开始，国内外学者对会计信息质量的影响因素展开了全面深入的研究，主要从宏观（企业外部）和微观（企业内部）两个层面展开：宏观层面包括法律因素（La Porta et al.，1998；Johnson et al.，2000；Ball et al.，2000；Core，2001；Lin et al.，2010；叶建芳等，2010；何平林等，2019）、经济体制和政治制度（Ball et al.，2003；Bushman et al.，2004；Leuz & Oberholzer-Gee，2006；张俊瑞等，2022）、准则制定（Bao & Chow，1999；Peterson et al.，2015；潘琰等，2003；刘峰和王吴庆，2004；田高良等，2010）、外部审计监督（Becker et al.，1998；Francis et al.，1999；Grein & Tate，2011；杨之曙和彭倩，2004；王艳艳和陈汉文，2006；杜兴强等，2022）等因素；微观层面包括公司性质和治理结构（Beasley，1996；潘洪波和韩芳芳，2016；黎来芳和陈占燎，2018；何平林等，2019；鲁清仿和杨雪晴，2020）、薪酬分配设计（徐经长和李兆芃，2022）、审计委员会透明度（陈汉文等，2022）等。

从会计信息的产生和披露过程来看，由于委托代理过程中信息不对称的存在，信息供给方与需求方对会计信息质量的要求有所差异。具体来说，影响会计信息质量的因素有很多，既有国家制定发布的法律规定、经济政策、会计准则要求等，也包括公司治理结构、产权性质、内部控制等企业内部因素。除了各种制度性、政策性等因素对会计信息质量的影响外，作为一种行为人参与的过程，会计信息这一商品性服务还涉及信息的提供者、审核者和需求者等各方的交互行为，具体可以分为两个部分。一是主观层面的，即关于会计信息这一商品的生产、提供过程中会计师与利益相关者交互行为方面的约定。在执行业务过程中，以原则导向为主的会计准则要求职业怀疑和职业判断更多地依赖会计师个人的主观判断，这就会引发不同程度的机会主义行为，与这方面有关的规定就是会计师职业道德守则，如国际职业会计师道德守则、中国注册会计师职业道德守则等，因此会计师是否能够严格地遵守职业道德要求，是否能够真实地记录业务数据并如实反映会计信息，成为直接决定会计信息质量高低的关键因素。二是客观层面的，即有关会计信息的产生和提供等方面的技术性约定，具体表现为逐渐发展并积累的各种专业性技术标准或准则，如审计准则、会计准则等。当然，为了确保会计信息或财务报告能够真实、公允地反映公司的财务状况，仅仅遵守客观层面的会计或审计准则或者单纯强调主观层面的会计师职业道德守则的作用都是远远不够的。从一定意义上讲，会计信息质量应该是上述两个方面的函数，后者是前者实现的基础和前提条件，前者则主导着最终的会计信息质量，两者关系如图 1-1 所示。

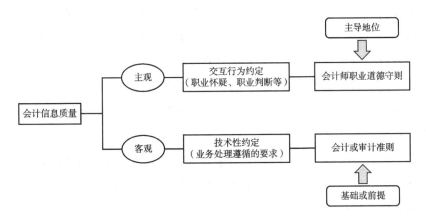

图 1-1 会计信息质量决定因素关系

2. 实践背景

作为公共利益的代理人，会计师的工作严重依赖信任和受托责任的履行，仅仅关注财务数据的准确性和相关性是不够的，还要考虑对第三方受益人的影响，以更好地维护公众利益。自 18 世纪末期美国资本市场建立以来，受上市公司质量参差不齐、投资者专业程度欠缺及市场制度不完善等各种因素的影响，资本市场信息披露质量不高，上市公司信息披露以强制性、被动性为主，投资评级和咨询机构对信息发布的透明度、真实性及可靠性的重视程度也相对不够。尤其随着进入 21 世纪，全球范围包括安然公司（Enron Corporation）、世界通信（WorldCom）等在内的上市公司因一系列的会计舞弊、财务丑闻以及审计合谋等引发的会计信息质量问题持续曝光，严重侵蚀了公众对会计行业的信任，由此引发的会计职业道德及其治理问题面临严峻的挑战，企业的商业模式和会计师执业环境的变化使得会计专业人员在很多情况下面临利益冲突和道德困境。2001 年，美国能源巨头安然公司因虚报净利润近 6 亿美元并隐瞒约 130 亿美元债务的造假行为被公之于众，公司股价暴跌，以宣布申请破产保护告终，为安然公司提供审计和咨询服务的世界五大会计师事务所之一的安达信公司也就此宣告倒闭。这一过程中，安然公司所实施的采用不具有经济实质的对冲交易掩盖投资损失、与银行合作伪造现金流、规避准则要求未将设立的特殊目的实体（Special Purpose Entities，SPEs）纳入合并范围等舞弊行为，无一不是在安达信的默认甚至许可下进行的。为了维护事务所自身利益，保住安然公司这一长达 16 年的重要客户，对于以上安然公司的各项违规行为，安达信的会计师在出具财务报表是否符合公认会计原则的意见时，忘记了他们本应服务于公众利益的职责所在，未能严格遵守他们的职业行为准则。因此，安达信不仅在发现后未及时予以纠正，还配合出具严重失实的审计报告和内部控制评价报告，甚至在进行司法调查期间私自销毁审计档案，严重妨碍了司法调查，违背了会计师诚信、独立、客观、公正的职业道德要求，受到了公众和媒体的强烈谴责。而安达信也因安然事件引发公众对其专业性和信誉的质疑，客户急剧流失，最终付出了惨痛的代价。

相比之下，我国资本市场虽然建立时间不长，但是随着我国市场经济的快速发展，资本市场的各种业务层出不穷，会计舞弊案件也频繁发生，由此引发的会计信息失真已成为上市公司的一个突出问题。真实的、高质量的会计信息是指无论生产会计信息的技术标准还是行为规范流程都符合会计制度、企业会计准则以及相关的法律法规等规范要求，在所有重大方面都能公允反映会计主体的财务状况、经营成果和现金流量情况的会计信息。相对会计信息真实性而言，会计信息失真则指财务会计报告所反映的数据以及有关数据的说明和披露情况与会计主体经济活动的实际状况和真实结果不一致，包括特定报表项目信息与实际业务不符，与业务事实相比存在不充分、不完整甚至虚构的现象。对于各种舞弊行为，虽然可以归类为主观性故意造假、专业行为能力有限、会计规范不科学不完善等不确定性原因，但可以肯定的是，生产信息的整个过程和最终对外呈报一直都需要在业务准则规范的指导下由具体的规则执行人——会计师进行操作实施。即使会计和审计准则制度的质量再高、体系再完善，也会出现各种财务丑闻或舞弊行为。因此，会计信息真实与否不仅与会计规范和相关制度有关，更是与规则执行人的行为能力密不可分。在会计或审计规则未得到有效执行的情形中，除了专业性职业判断存在不同程度的偏差这类客观原因外，主要来源就是会计师这一主观原因，即规则执行人出于某种目的故意违反会计或审计准则规定，包括长期挂账虚报资产、人为调节个别会计期间的损益、提前确认收入、混淆各期成本费用、虚列及编造交易或事项、通过不正当手段招揽客户、承接不能胜任的业务项目、泄露客户的商业机密及不合理收费等。这不仅会误导国家制定错误的宏观和微观调控政策，也破坏了市场运行的有效性，严重降低了市场资源配置的效率，给信息使用者和整个社会带来了极大的危害。

无论是 20 世纪 90 年代的琼民源、银广夏、蓝田股份，还是近年的万福生科、绿大地、康得新、康美药业、獐子岛、辅仁药业等，使得资本市场多次深陷信任危机中。资本市场的良性发展要求以充分的、高质量的信息披露为核心，也只有加强高质量的信息披露，才能保障并推进市场公开透明的交易，合理配置资源，防范化解金融风险，促进资本市场的规范运作。市场越发展，会计越重要。联合国贸易和发展会议国际会计和报告准则政府间专家工作组明确指出，会计在经济发展中起着至关重要的作用。高质量的公司报告是提高透明度、促进调动国内和国际投资、创造良好的投资环境和增强投资者信心从而促进金融稳定的关键（ACCA，2012）。作为资本市场保护各方利益相关者权益的重大制度安排，会计承担着重要的社会责任，恰当的会计审计制度安排有助于解决上市公司和利益相关者之间存在的信息不对称问题。只有履行会计师"看门人"的职责，充分发挥其监督、鉴证的职能作用，才能培育出长期稳定、健康发展的资本市场。早在 2002 年，时任国务院总理朱镕基在第 16 届世界会计师大会上就明确指出，"在现代市场经济中，会计师的执业准则和职业道德极为重要"。国泰安数据库统计显示，1994~2022 年，我国上市公司共有2928 起会计舞弊事件，主要通过收入舞弊、货币资金舞弊或资产减值舞弊等方式进行虚假记载（误导性陈述）、内幕交易、重大遗漏、披露不实或欺诈上市等舞弊行为（叶钦华等，2022）。虽然中国证监会有行政执法权，但仅限于证券业范围之内，监管力量有限，因此对上市公司违规行为的处罚占舞弊总体的比例较低且具有滞后性。特别是 2019 年康美药业通过虚假记账、伪造及变更大额定期存单或银行对账单和伪造销售回款等方式虚增货币资金和收入等，担任其审计机构的广东正中珠江会计师事务所（特殊普通合伙）（简称"正中珠江"）在对康美药业 2016~2018 年财务报表进行审计过程中，没有按照相关要求执行恰当的审计程序，获取充分的审计证据，尤其是 2017 年财务报告中的重大会计差错也未能识别，导致爆出累计近 900 亿元的财务造假案，严重损害了投资者的合法权益，引发了资本市场的一片哗然。其中，为康美药业连续 19 年提供审计服务的正中珠江难辞其咎，而注册会计师审计独立性的缺失又是此次案例中最为关键的影响因素。由于康美药业事件的恶劣影响，有着41 年历史的正中珠江被注销执业证书，不再从事注册会计师法定审计业务，正式告别了会计师行业。

如前所述，已有文献研究的欠缺及全球会计舞弊的日益盛行彰显了会计职业道德建设和治理的必要性和紧迫性。特别是随着委托代理链条的无限延长，会计职业道德在信息生产和披露过程中所起的作用愈发重要。在各国准则制定和监管机构积极探索构建会计职业道德的背景下，如何在一个动态且不确定的环境中构建高质量的道德准则并维护公众利益成为亟待解决的问题。

（二）研究意义

1. 理论意义

在研究早期，由于会计信息质量尚处在形成和规范期，多数文献从会计信息的质量特征及其演变趋势的角度对会计信息质量及披露情况展开研究。近年来，随着资本市场的日益成熟和完善，委托代理链条开始逐渐延伸，社会网络变得多元化和复杂化，各方利益也越来越呈现千丝万缕的联系，财务舞弊案件的频发使人们开始认识到高质量会计信息对于资本市场良性发展的重要作用，因此，越来越多的文献开始选取较为重要的会计信息质量特征，在将其进行量化后，直接对影响会计信息质量的因素展开分析。但是不管从什么角度，已有文献总体来说主要是静态的、技术性的视角，很少从动态的、行为性的角度对上市公司会计信息质量的影响因素及其变化进行研究。因此，本书从新的角度拓展了会计信息质量研究思路，丰富了信息质量的理论研究，弥补了已有文献中缺少交互行为影响因素的空白。

2. 实践意义

虽然我国资本市场至今已有 30 多年的发展历史，但多数学者认为我国仍是一个"弱势有效"（马向前和任若恩，2002；王少平和杨继生，2006；贺平等，2021）甚至处于"无效率"状态（胡波等，2002；贾权和陈章武，2003）的证券市场。尽管 2020 年开始实施新的《证券法》，各种配套法规制度也在逐步完善，但是资本市场中上市公司财务舞弊事件仍时常出现，会计信息质量不高，提高上市公司信息质量已成为我国资本市场建设的当务之急。只有确保整个市场会计信息的真实性、透明度和可靠性，才有可能形成健康、规范、有序的资本市场，提高我国资本市场的运行效率。综观近年来的会计造假或审计合谋案件，无不与会计师违背诚信原则、缺少客观公正原则及未能做到勤勉尽责等密切相关。作为主观性的交互行为约定，会计师职业道德能够对涉及独立性、客观性和公正性等方面的行为予以有效约束，有助于减少信息不对称，缩小社会公众对会计师所提供服务的期望差距，提高会计行业在公众中的信誉，因此，会计师职业道德是值得深入研究的一个问题，特别是在当前会计舞弊成为世界性难题并呈现愈演愈烈的现状下，对于该问题的研究具有重要的现实意义。

二 研究目的

本书从提高会计信息质量的角度出发，通过梳理国际及中美两国会计师职业道德发展历程，分析影响并推动会计师职业道德守则变化的因素，总结职业道德守则变迁的规律和特点，明确其在预防舞弊行为、促进资本市场公开透明方面所发挥的重要作用，着重监管并尽量强化会减少会计舞弊和审计合谋的职业道德影响因素，同时进一步结合数字经济时代新商业模式的特点，为政府和监管部门在制定相关政策时提供借鉴和参考，从而为提高会计信息质量，降低系统性风险，促进我国资本市场的健康发展贡献一份力量。本书试图回答以下几个问题。

1. 会计师职业道德守则变迁的规律和特点

通过梳理历史上国际会计师职业道德准则理事会发布的《国际职业会计师道德守则》、美国注册会计师协会发布的《职业行为守则》以及中国注册会计师协会发布的《中国注册会计师职业道德守则》和《中国注册会计师协会非执业会员职业道德守则》内容，刻画职业道德守则变迁的规律和特点。

2. 影响会计师职业道德守则变迁的因素

以前文总结出的历次职业道德守则变迁的规律和特点，分析推动职业道德守则这一制度持续改进和完善的影响因素。

3. 会计师职业道德守则的现状、问题及发展趋势

对最新发布的职业道德守则内容及其现状进行深入分析，研究存在的问题和不足，基于数字经济时代的背景和高质量发展要求提出改进的建议，并明确职业道德守则未来发展的趋势和方向。

三　研究思路和方法

（一）研究思路

本书拟以委托代理、不完全契约、制度变迁等理论为基础，以会计舞弊行为导致会计信息质量降低这一研究为着手点，从理论和现实两个方面证明研究会计师职业道德守则问题十分重要和迫切。随后通过对国际会计师联合会（International Federation of Accountants，IFAC）、美国注册会计师协会（American

Institute of Certified Public Accountants，AICPA）和中国注册会计师协会（The Chinese Institute of Certified Public Accountants，CICPA）历次职业道德守则的变迁分析，总结其变化规律和特点，从文化因素、法律制度、技术进步以及公众期望等方面分析对职业道德守则变迁的影响，结合最新发布的职业道德守则内容研究其问题和不足，为未来职业道德守则的发展提供方向性指引，并为制定有关的政策制度和准则规范提供建议。本书的研究框架如图1-2所示。

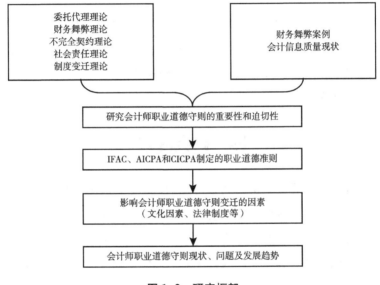

图1-2 研究框架

（二）研究方法

本书采用的研究方法主要包括以下方面。第一，文献分析法。通过对收集到的有关财务舞弊、会计信息质量、职业道德、社会责任、制度变迁和商业伦理方面的文献资料研究，明确了会计师职业道德守则的性质和在决定会计信息质量中的定位，认为职业道德守则是一份不完全契约，并由此引出其变迁的驱动力及影响因素。第二，比较分析法。作为对交互行为的约定规范，会计师职业道德守则会因各国法律因素、社会制度和传统文化的差异而有所不同，这方面通过比较国际及以中美两国为代表的守则条款就可以看出，特别是对于"提供和接受引诱"部分的规定要求、对审计和审阅业务的独立性要求以及与职业怀疑和职业判断有关的补充材料等体现较为明显。第三，综合归纳法。本书通过对会计师职业道德守则及相关文献的梳理，考察了已有研究和制定机构对于职业道德守则的定位及规范标准，在此基础上提出了职业道德守则的渐进式变迁受利益关联度、公众期望差距和政府管制参与度三者合力作用的共同推动，而且守则的有效性取决于自我履行和强制履行的有效性。第四，内容分析法。以 IFAC、AICPA 和 CICPA 对职业道德守则内容的历次重大修订为基础，展开了系统、定性的描述，推断出坚持原则导向的概念框架法、加大强制履行力度、确保相关性和及时性等职业道德守则的变化规律和特点。

四　研究内容

基于上述的研究思路，本书共分为九章，各章内容摘要如下。

第一章绪论：本章主要介绍了会计师职业道德守则制度变迁的研究背景和意义、研究目的、研究思路和方法、研究内容、主要创新点和不足之处。

第二章文献综述：通过对国内外职业道德的认知发展与职业道德守则的定位、制定范式和构成内容、影响因素以及改进和完善等方面文献的详细回顾与评价，帮助我们了解并掌握已有相关研究的进展，归纳尚未研究或研究中尚未解决的问题，为本书的写作提供了方向性指引。

第三章会计职业道德的起源、形成和发展：本章第一部分从商业伦理开始，阐述了职业道德的起源，引出了作为商业伦理重要组成部分的职业道德；第二部分主要阐述职业道德在英美经济变革时期的不断演进和形成过程，从保守派、激进派和折中派三个阶段的视角介绍了如何制定以及制定什么样的会计师职业道德守则；第三部分从执业环境的变化和准则制定的需求出发，详细总结并概括了职业道德的发展脉络，为后续介绍各国职业道德守则的发展奠定了基础。

第四章会计师职业道德守则的理论基础：本章内容主要聚焦会计师职业道德守则基础理论方面，包括委托代理理论、财务舞弊理论、不完全契约理论、社会责任理论和制度变迁理论,这部分内容为后面章节展开对会计师职业道德守则的变迁分析提供了理论支持。

第五章美国会计师职业道德准则变迁分析:本章按照时间顺序将美国会计师职业道德准则分为萌芽阶段、探索阶段、发展阶段和完善阶段四部分,通过介绍分析其制定范式和条款内容,总结美国会计师职业道德准则的变化规律和特点。

第六章国际职业会计师道德守则变迁分析:本章主要将国际职业会计师道德守则发布以来几次较大的变动版本作为研究对象,分析其内容修订的要点及背后的原因所在,特别是结合数字经济时代的新特点、新问题对国际会计师职业道德准则理事会的最新工作进展进行介述分析。

第七章中国注册会计师职业道德守则变迁分析:根据 1992~2020 年中国注册会计师协会发布的《中国注册会计师职业道德守则(试行)》、《中国注册会计师职业道德基本准则》、《中国注册会计师职业道德规范指导意见》以及《中国注册会计师职业道德守则》等一系列试行办法和指导意见,描述我国会计师职业道德守则变迁的过程,在突出坚持中国特色的同时,总结归纳我国会计师职业道德守则国际趋同的历程和意义。

第八章会计师职业道德守则变迁的影响因素分析:根据前面几章对会计师职业道德守则理论基础、中美及国际职业会计师道德守则变迁的分析和概括,本章主要探讨文化因素、法律制度和技术进步等影响会计师职业道德守则变迁的因素并阐述其在推动守则变迁中的作用。

第九章主要结论与政策建议:总结概括本书的研究结论,同时针对当前会计师职业道德守则的现状分析存在的问题,探讨数字经济时代商业模式、监管要求及会计职业变革背景下职业道德守则面临的新情况,寻找职业道德理论、道德准则与具体实务三者的最佳平衡点,为相关部门和监管机构提供政策建议。

五 主要创新点和不足之处

(一) 主要创新点

就职业道德方面相关的研究来看,已有文献资料主要从认知心理学、哲学等方面关注商业伦理或企业道德行为的理论发展、商业主体应该遵守的商业行为原则和道德规范要求、职业道德教育及发展、企业应该承担或履行的符合商业伦理要求的社会责任以及消费者行为、商业环境、公司治理、企业组织结构、市场竞争等对商业伦理产生的作用和影响等。随着近年来全球范围内会计舞弊、财务丑闻、审计合谋等上市公司案件的持续发生，作为商业伦理核心领域的会计职业道德也面临严峻的挑战，特别是数字经济时代的商业变革和执业环境的变迁使得专业会计人员面临越来越多的利益冲突和道德困境，需要履行更多的社会责任或满足更高标准的社会需求。面对日益复杂的交易事项和不断扩大的职业判断空间，毫无疑问，对会计师行为起着规范、指导和引领作用的职业道德守则成为摆在会计行业发展面前的头等问题。根据目前所收集的材料来判断，会计师职业道德守则的研究前沿主要有以下三个方向：（1）采用实证方法或在实验的情景下评估职业道德发展水平并分析其影响因素；（2）大数据、人工智能、区块链分布式技术和云计算等信息技术应用所引发的一系列职业道德问题及其应对；（3）健全并完善职业道德守则内容，探究路径优化机制，预测职业道德守则的发展趋势，为未来守则的制定提供方向性指引。

第一，以委托代理理论、财务舞弊理论、不完全契约理论、社会责任理论、制度变迁理论等为基础，为会计师职业道德守则的产生和发展提供了理论支持。

第二，通过对国际会计师联合会、美国注册会计师协会和中国注册会计师协会历年发布的具有代表性的职业道德守则内容进行梳理，总结并概括其各自制度变迁的路径规律和特点，进而从中发现共同之处，为未来职业道德守则的改进和完善提供借鉴及指导。

第三，以理论阐述和职业道德守则的演进分析为基础，从文化因素、法律制度、技术进步、公众期望等多个维度分析了会计师职业道德守则变迁的影响因素，首次构建了一个研究会计师职业道德守则制度变迁的较为完整的系统分析框架。

第四，根据数字经济时代的特点和高质量发展要求，特别是结合数据成为关键生产要素、大数据及人工智能技术的广泛应用、新商业模式下会计信息相关性恶化、数字经济催生对会计信息的新需求等背景，对国际职业会计师道德守则中未涉及的内容展开了适当的构建和设想，对会计师职业道德守则的建设和未来发展进行了展望。

（二）不足之处

由于职业道德的理论和实践目前仍停留在较为抽象的概念层面，有关这方面企业的统计数据较少，可获得性难度较大，能够量化的道德指标或具体的衡量标准也极为有限，因此整个研究过程中主要结合制度规范和具体案例，以规范性分析为主，涉及定量研究的内容较少。此外，虽然目前世界各国已经部分或全部采用了国际会计师职业道德准则理事会发布的职业道德守则，且部分采用的国家也尽可能与之实现国际趋同，但具体到实际应用而言，无论是秉承的理念、对同一个守则条款的理解，还是守则内容的适用性、有效性和可执行性等都存在较大的国别差异。在对国内外职业道德守则的制度变迁进行梳理时，鉴于本书主要以国际会计师联合会、美国注册会计师协会和中国注册会计师协会为代表的会计职业组织制定实施的道德守则内容为例展开，并未涉及其他国家或国际组织，研究范围没有实现全覆盖，因此收集的资料存在遗漏或不够全面的可能性，个别结论不具有普适性。

第二章　文献综述

有关会计师职业道德守则方面的研究，本章主要从国外和国内两个层面分别对职业道德的认知发展与职业道德守则的定位、制定范式和构成内容、影响因素以及改进和完善等①展开述评。通过梳理国内外有关会计师职业道德守则的文献，意在引起国内学者对会计师职业道德守则研究的关注，有助于深入了解会计（审计）人员面临道德冲突时所做的决策行为，为提升行业声誉和道德水平、更好地维护社会公众利益、进一步完善职业道德守则提供参考。

一　国外研究现状

（一）职业道德的认知发展

职业道德守则存在和变迁的基础就是有关道德、职业道德及制度规范的认知发展，主要回答是什么的问题。道德的价值不在于它是一种获取利益的工具，而在于它能够提供的内在价值。Velayutham（2003）从道德的保护对象出发，认为道德的首要利益是考虑公众的情感、兴趣和理想，而质量则应该集中在产品和服务上，并建议一些会计师职业道德守则应适当地称为"质量保证守则"。Heath（2008）指出，道德是指在没有政府指导方针或其他外部监管

---

① 本书的主要目的是研究会计师职业道德守则制度变迁的路径和特点，通过发现其内在规律性的变化，对职业道德守则这一制度性规范的完善和发展提出政策建议。

制度的情况下，人们应该遵循的隐性和显性的规范和原则。如亚当·斯密（Adam Smith，2022）所指出的，"道德的一般准则，像所有其他的一般准则一样，是从经验和归纳中形成的。我们在各种各样的特殊情况下观察……什么是赞成或不赞成的，通过从这一经验中归纳，我们建立了那些一般规则"。简单地说，道德规范就是影响人类生活各个方面行为的规定（Malle，2016）。在传统层面，道德具有与社会观点、社会习俗相一致的功能（Woods & Lamond，2011），它通过指导行为（做什么）、可预测性（将会发生什么）和协调（谁来做什么）来调节人类行为。随着经济社会关系的变化，道德发展的形态也处于不断的演进过程中。Sadowski 和 Thomas（2012）提出了道德发展的六阶段模型，第一层级是前习俗（Level Ⅰ：Preconventional）阶段，包括他律性道德（Ⅰ—1）和个人主义（Ⅰ—2）；第二层级是习俗（Level Ⅱ：Conventional）阶段，包括相互的人际关系（Ⅱ—1）和社会制度/良知（Ⅱ—2）；第三层级是最高层级，即后习俗（Level Ⅲ：Postconventional）阶段，包括社会契约/效用/个人权力（Ⅲ—1）和普世的道德原则（Ⅲ—2）。其中，最高层级的道德是以社会契约形式存在的，对应道德发展的后习俗阶段，这一层级涉及基于更大利益的对职业发展和社会责任的认识和理解。而道德准则作为一种道德价值体系，是由一个或多个道德原则组成的一个完整的道德指南（Frankena，1973），通过设定标准、阐述原则和总结价值，明确规定了一些用于评估执业过程中个人行为的标准，并提供了如何应对道德困境的信息（Levy，1980；Allan，1993）。道德守则的功能在于通过影响个人做出的决定，使其产生的行为被公众所接受并认可（Ferrell & Fraedrich，1991），从而为专业工作提供合法性指导（Abbott，1983）。作为道德领域的一部分，职业道德守则与所属的行业或从事的职业联系更为紧密，主要用于反映专业人士所处社会的道德标准（Camenisch，1983；Peppet，2004；Hugman，2005）。由于会计"充满了道德含义"（Arrington & Francis，1993；McPhail，2013a，2013b，2013c，2013d），因此会计行业对职业道德的需求尤为迫切。就会计及审计等相关领域而言，在建立于受托责任网络基础上的现代社会中（Ijiri，1975），注册会计师执业服务的质量会直接影响股东、债权人等各方社会公众的利益，进而影响整个社会的经济秩序（Zeff，1978），因此为了增强公众对会计师所提供服务质量的信心，在执行业务过程中，对于会计师的哪些行为是可以接受的、哪些行为是不可以接受的，都应通过职业道德守则来确定（Jakubowski et al.，2002）。会计师职业道德守则通常由行业的国际权威组织或各国的专业团体来制定，这些道德准则或声明应该是"避免对行业声誉和市场形成潜在威胁，为会员对其服务范围的任何潜在利益侵犯提供反击，并避免行业内部对资源和市场产生破坏性竞争"（Kultgen，1982；Parker，1987）。

（二）职业道德守则的定位

职业道德守则的定位即其性质、作用或功能所在。早期研究主要围绕专业人员对执行道德准则的承诺（Carlin，1966；Arthurs，1970；Neu，1991；Allen，1991）展开。虽然道德准则只是保护部门利益的挡箭牌（Mitchell et al.，1994），它们并没有解决如社会正义和平（Ruland & Lindblom，1992；Neimark，1995；Dempsey，2000）等更为重要的问题，但是就行业信誉及公众利益而言，职业道德规范（准则）是承认社会义务并确保行业保持信心的一种有效手段，是业界对社会福利的一种承诺（Greenwood，1957；Abbott，1983），对于实现职业自律至关重要（Higgins & Olson，1972）。具体到会计领域，道德守则通过描述旨在指导当前和未来行动的规则（Murphy，1989），向公众及客户保证其责任，消除"会计业务"和专业要求之间的矛盾，从而能够提供独立或客观的公共利益服务（Neu & Saleem，1996），因此对会计师的职业行为起到了一定程度的规范和约束作用，是维护会计师及会计行业诚信和声誉的传统手段（Velayutham，2003）。会计可能无法重塑这个时代的道德思想，但是高质量的道德守则有助于改善商业道德行为（Espinosa-Pike，1999），会计师可以通过认识到自己的社会责任做出一点贡献（Devine，1960）。会计职业的道德维度对于国家专业机构提高商业声誉和财务报表的有效性至关重要，不仅如此，职业道德也有助于减少犯罪活动和欺诈行为。近年来，有关研究主要聚焦职业道德守则在制定道德决策、实施业务行为和推动资本市场发展的有效性等方面展开。就其性质而言，尽管 Velayutham（2003）在对新西兰特许会计师协会（NZICA）和澳大利亚注册执业会计师协会（ASCPA）的道德准则进行评估后，对于道德守则应定位于准则这类制度性的规定还是质量保证这一类的方案或者规范持有保留意见，但是由于会计行业被赋予了对财务报告的真实性和公正性独立发表意见的专属责任（West，2003），因此人们理想中的会计师被描绘成遵守法律法规的人，其行为理应受到道德守则的规范管理（Preston et al.，1995），让公众相信他们拥有足够的道德意识和能力，以公正无私的方式为社会提供专业服务，确保公众利益的实现。除了纯技术层面的因素外，会计职业主要依赖会计师的道德行为能力，这有助于增加公众的信任，维护会计行业的声誉（Black et al.，2022）。在某种程度上，道德守则类似于目标，一个组织的道德守则不仅可以为员工的行为提供重要的指导（Schwartz，2002；Pater & Van Gils，2003），也为专业人员的行为方向提供了具体的和可衡量的程度（Latham，2004；Locke & Latham，1990）。因此，在会计中最常提及的道德来源就是会计师职业道德守则（Everett et al.，2005），这也是多数学者一致性的结论，即职业道德守则是某个行业或职业为了维护其正直和声誉的传统手段，是向社会公众及其服务的客户提供的责任保证。进一步地，Gilley等（2010）对职业道德守则的法律性和合规性导向进行了深入分析，结果发现阻止不道德或非法行为是大多数道德守则或道德规范的主要目的，即道德守则的定位主要是一个预防性的问题（Gilley et al.，2010）。Akkeren 和 Buckby（2017）从一般压力理论、治理理论和不同的关联理论出发，构建了个人欺诈和共同舞弊的概念框架。虽然会计师职业道德守则为最大限度地降低专业人员独立性所面临的风险提供了较为广泛的规定（IESBA，2015a，2018a），对会计人员的职业判断和专业精神产生了积极的影响（Fatemi et al.，2020），但是显然仅仅依靠道德守则无法解决与会计人员独立性有关的全部问题，必要时也应采取其他的补充措施或与其他的管理措施相结合。尽管如此，目前有关道德守则作为应对并解决利益冲突措施的研究表明，职业道德守则仍是处理、控制和监督利益冲突的有效工具（Ishaque，2021）。

就实际作用来看，将道德守则传达给所有组织成员并强制执行，是道德守则发挥作用的必要条件（Cleek & Leonard，1998；Ou et al.，2012）。道德守则应注重实际执行的情况，而不仅仅是作为形象管理的一部分进行宣传，这在很大程度上决定了它们的有效性（Rogers & Stocken，2005）。尽管有分析表明道德守则本身可能不足以确保组织内的每个人都做出道德决策（Webley & Werner，2008），但多数研究显示，道德守则的实施与道德决策呈正相关关系（Loe et al.，2000；O'Fallon & Butterfield，2005；Pflugrath et al.，2007；McKinney et al.，2010；Kaptein，2011）。Singhapakdi 和 Vitell（1990）、Pierce 和 Henry（1996）、Kitson（1996）、McCabe 等（1996）根据问卷调查或访谈和实验室实验的结果，就道德守则对道德行为和态度等方面的有效性进行了经验评估，研究表明道德守则与更积极的道德态度或道德行为之间存在显著且正向的关系。Murphy 等（1992）、Weeks 和 Nantel（1992）基于问卷调查的研究数据表明，道德守则和道德行为之间虽然存在正向的相关关系，但这种相关性较为微弱。Verschoor（1998）对美国 500 家较大上市公司的社会道德表现与其财务业绩之间的关系进行了分析，结果显示，在给股东的年度报告中承诺对其利益相关者采取道德行为或强调遵守其行为准则的公司，其财务业绩显著高于其他公司。Adams 等（2001）在采访了 766 名公司员工（样本中的 465 人受雇于有道德守则的公司）后得出结论，员工的职业态度会受到所在企业制定道德守则过程的积极影响。Peterson（2002）根据对 203 份问卷调查的数据分析得出结论，认为实施明确的道德守则会减少不道德行为的发生。Valentine 和 Barnett（2002）在对 390 名专业销售人员进行问卷调查后发现，道德守则有助于企业塑造良好的道德氛围，对员工的道德价值观有"适度且显著"的正面影响。McKinney 等（2010）通过对 2800 多名商务专业人士的抽样调查，重新审视了道德行为守则在影响员工道德态度方面的有效性问题。结果显示，在 16 个道德要求较高的公司中，实施道德行为准则的 12 家公司的受访者对道德问题行为的接受程度明显低于没有实施道德行为准则的公司。也就是说，与没有实施道德行为守则的公司相比，在采用道德行为守则的公司中，其员工对道德方面有问题的行为的接受程度明显较低。因此，该研究表明，采用正式的道德守则是改善商业体系中道德氛围的重要方式。Pflugrath 等（2007）在调查了 112 名职业会计师和审计专业学生后发现，组织中道德守则的存在提高了职业会计师专业判断或决策的道德质量，但道德守则对学生没有产生任何影响。就道德决策的实现路径方面而言，Lovett 和 Jordan（2010）构建了基于等级的道德敏感性认知模型（又称为 REST 道德决策模

型），指出在面对道德困境进行职业判断时，会计人员应遵循认识道德问题
（道德敏感性）、做出道德决定（道德判断）、建立道德目标（道德激励）和
实施道德行为（道德行为）四个步骤进行道德决策，这样有助于促进会计师
的道德行为和冲突解决。

在实施业务行为、推动资本市场发展方面，高质量的会计师职业道德守则
与高质量的会计和审计准则同样重要（Huang et al.，2019）。由于道德守则通
常采用基于威慑的方法，通过明确规定禁止或应避免的行为（Gibbs，1968），
促进品行端正的、道德的或更具社会责任感的职业行为的出现（Caza et al.，
2004），因此在组织价值和管理过程中实施道德伦理方法能够可靠且持续地提
高企业绩效（Beadle，2013）。当然，一个公司的管理人员或雇员的道德失误
也可能会严重损害公司的声誉，在某些情况下甚至会导致公司倒闭（Barsky，
2008）。具体到专业领域，Morales-Sánchez 等（2020）通过对道德行为及其引
发的利益进行分析，展示了审计师持续道德行为所产生的信任，这种信任使得
合伙人监督审计师的成本降低，进而为事务所带来了巨大的利益。Huang 等
（2019）调查了 36 个国家职业会计组织的道德、教育和学科发展与该国股票市
场发展之间的关系，发现职业会计组织的发展与股市发展之间存在显著的正相
关关系。研究结果同时表明，相对于职业组织的调查纪律机制和教育要求，一
个国家的职业会计师道德发展与本国股票市场发展呈现出显著的正相关关
系，这为道德守则在会计师编制和披露财务信息中具有重要作用的观点提供
了有力的支持。需要指出的是，在具体的业务执行过程中，道德守则的实施
效果会受到多种因素的影响，因此，虽然上述研究发现道德守则有积极或者
正向的作用，但关于行为道德守则影响的实证文献也显示出好坏参半的结果
（McKinney et al.，2010），部分研究得出了与前文相反的结论。

Allen 和 Davis（1993）、Badaracco 和 Webb（1995）、Brief 等（1996）、
Cleek 和 Leonard（1998）等多位学者的研究结果显示，拥有道德守则与积极的
道德态度或积极的道德行为之间的关系并不显著。在分别对澳大利亚和美国的
公司及员工进行研究后，Farrell 等（2002）和 McKendall 等（2002）发现道德
守则在防范员工违反相关的规定条例方面并没有产生任何显著性的影响。更有
个别学者发现，道德守则对企业行为会产生负面的影响（Kaptein & Schwartz，

2008），这可能与样本的覆盖范围、对象特点、样本量大小和具体构成等有直接的关系。为了使道德守则与社会规范或常识的匹配度提高，在 2002 年《萨班斯-奥克斯利法案》（Sarbanes-Oxley Act，SOX）颁布后，国际职业会计师道德守则和各国的职业行为准则都进行了相应的修订，对与法律和合规问题相关的更为具体的内容进行了进一步的完善（Canary & Jennings，2008），这对于改变已有的认知和行为或许更为有效（Lere & Gaumnitz，2007）。Jenkins 等（2018）以美国注册会计师协会发布的职业行为准则为研究对象，对 2008～2013 年审查过程中哪些监管行为会有助于保护社会公众利益、满足公众需求，哪些监管行为会保护会计师的个人声誉和私人财富等私人利益进行了对比分析。研究发现，美国注册会计师协会职业行为准则在很大程度上是为了保护公众利益而强制执行的，由于在经济下行周期监管部门会提出一些可行的解决方案用以提高公共透明度，因此对于公众利益的关注在 2008～2010 年经济衰退期间最为明显。

（三）职业道德守则的制定范式和构成内容

1. 制定范式

随着业务发展和经营环境的变化，职业道德守则的制定范式和构成内容也处于不断地调整和完善过程中。制定范式主要聚焦于道德守则的导向方面，即采用规则导向还是原则导向来引领职业道德守则的制定。守则的原则导向范式代表了制定机构或行业组织的最高标准或愿望，规则导向则代表了制定机构或行业组织的最低标准或要求。长期以来，有关会计师"做正确的事"到底意味着什么这个问题一直都是基于规则的角度来处理的（Baud et al.，2021）。对于伦理学家来说，批评企业和其他组织坚持基于规则的道德制度，而不是兼顾规则和原则的道德制度已成为家常便饭（Spalding & Oddo，2011；Arjoon，2000，2006，2007）。奥斯特罗姆（2012）指出，"大型国际公司在最近时期由于过去严重的专业疏忽和欺诈行为而破产，这清楚地表明，要防止这种道德失败，需要的是植根于道德和负责任行为的企业文化，而不是限制人们在工作场所应该或不应该做什么的法律和规则"。在过去的 20 年里，针对美国职业行为准则的规则制定范式也一直是学者们抨击的主题，他们认为不应仅仅局限在规则的执行上，为了改善道德决策应改变这种制定范式（Collins & Schultz，1995；Preston et al.，1995；Spalding & Oddo，2011）。Preston 等（1995）将美国注册会计师协会的非约束性原则声明与其强制性规则之间的关系描述为，"由于采用了法律规则，职业并没有完全放弃其道德因素，但这些因素现在被归入了原则部分。虽然原则是会计人员必须追求的，但他或她必须遵守的是规则"。事实上，面对不断变化的执业环境，当会计师遇到的具体情况与制定的道德规则条款不完全相符或者存在出入的时候，规则导向下的职业道德守则就不具有参考价值，失去了其指导和规范的意义。从这个方面来看，以原则导向为基础的道德守则更有助于指导和解释产生的问题，为会计师职业道德行为提供方向性引领。Spalding 和 Oddo（2011）批评了美国注册会计师协会采用的基于规则的伦理方法，认为该协会制定职业行为准则的主要目标只是减少或避免组织内的不合规行为，而不是促进会计师追求个人美德，改善整个行业的风气。作为一种可行的解决方案，他们建议美国注册会计师协会采用国际会计师职业道德准则理事会发布的"概念框架"方法，这不仅使美国会计师职业道德准则与国际会计师联合会更加一致，也有利于美国建立更加有效的职业道德监督体系。为了更好地完善会计师职业道德守则的制定范式，Spalding 和 Lawrie（2019）以亚当·斯密公正的旁观者（impartial spectator）这一概念和伊曼纽尔·勒维纳斯（Emmanuel Levinas）关于"他者"的后现代现象学为理论基础，对美国注册会计师协会在其职业道德行为准则中增加"概念框架"，即由完全基于规则制定转为同时关注规则和原则的导向进行了案例讨论，为加强和提高美国注册会计师协会对其准则中新概念框架的实施提出了具体的应对思路和方法。另外，以规则为导向的职业道德守则制定的合规措施虽然能够在一定程度上减少或降低专业性错误或违规行为发生的概率，但这种方式下的内容条款由于过于精准、具体，对规则的依赖会培养一种遵从性或合规性思维（Herron & Gilbertson，2004），这样反而会鼓励人们过于关注守则中的漏洞（Cowton，2009），极易导致会计师出现大量的不合规-回避（noncompliance-avoidance）行为，无法满足专业人员的职业道德培养要求，对于发展组织的道德文化是远远不够的（Stevulak & Brown，2011；Campbell，

2015）。Neill 等（2005）对美国公共会计师自愿行为准则进行了研究，发现在制定和维护基于规则的准则过程中，美国注册会计师协会采用了"以投入为基础"的方法，即没有要求对成员的专业或道德进行持续完善的评估，而是主要依赖客户、雇主和政府机构的投诉和反馈，不提供任何外部、客观或第三方对遵守守则的评估结果，这种方式极大地限制了准则为公众利益提供服务的能力。Melé（2005）从会计师在提供相关和真实的信息过程中所扮演的角色和发挥的作用出发，就会计和道德教育的关系进行了分析，在肯定会计道德教育核心价值之一是讲真话（Shaub & Fischer，2008）的同时，对规则和原则两种范式也进行了比较，认为基于规则的道德守则制定范式虽然确实有助于促进这种墨守成规的、极具法律务实性的方法的应用，但是这些会计行为守则中的道德标准通常只会被机械性地应用，并且人们在很大程度上会将会计道德与规则、原则、法律标准或其他条例混淆起来，对"做什么是正确的"和"做什么是合法的"难以清楚地界定。针对前期有关制定范式方面缺少实证检验的问题，Herron 和 Gilbertson（2004）以美国注册会计师协会发布的职业行为准则为研究对象，就其提供的规则和原则两类道德准则指导形式如何影响专业会计人员的独立性判断展开了研究，发现相比原则导向下的道德守则，被提供具体规则的主体更有可能认为自己的独立性受损，并且更有可能拒绝有问题的审计业务。在基于规则导向的道德守则不被看好甚至不受欢迎的背景下，该研究为原则导向下道德守则的发展提供了经验支持，并检验了道德发展水平对守则有效性的影响。对于相应的改进措施，Satava 等（2006）从会计师和审计师遵循基于规则的道德观点出发，就其未能保护投资者和利益相关者的利益而导致一系列丑闻和不道德行为的指控展开了分析，提出了一个包括自利性和经济有效性等在内的道德视角的模型，并提出了包括强制注册会计师接受道德教育以及增加证券交易委员会等执法部门在欺诈监控方面的资金投入等在内的六条具体建议。

2. 构成内容

关于职业道德守则的体系构成和具体内容方面，Spalding 和 Oddo（2011）、West 等（2016）认为可以将某些公认的美德嵌入会计师的职业道德守则中。例如，Spalding 和 Oddo（2011）将诚信（integrity）、客观性（objectivity）、勤勉尽责（diligence）、忠诚（loyalty）和专业能力（professionalism）与职业道德守则中相对应的基本原则联系起来。West 等（2016）则从 2016 年国际会计师职业道德准则理事会发布的职业道德守则所阐述的正直、客观、专业能力和应有的谨慎、保密与专业胜任能力等基本道德原则中得出结论，提出应将勇气（courage）、公正（justice）和诚实（honesty）等与上述这些会计师职业道德守则相互融合，这一观点也得到了 Shaub 和 Braun（2014）的支持。随着审计师越来越多地将道德与履行他们和客户的私人合同条款相联系（Everett et al.，2018），对道德行为的承诺会"潜在地激发审计师履行职责的意愿"（Shaub & Braun，2014）。

Velayutham（2003）围绕会计职业道德准则的重点内容应该是什么展开了研究，通过对澳大利亚注册执业会计师协会（Australian Society of Certified Practising Accountants，ASCPA）1999 年发布的《职业行为守则》（Code of Professional Conduct，CPC）和新西兰特许会计师协会（New Zealand Institute of Chartered Accountants，NZICA）1999 年发布的《道德守则》（Code of Ethics，COE）的评估，发现尽管这些准则包括道德和质量因素[①]，但目前制定的这些准则的主要重点是质量而不是道德。出于上述目的，该学者又进一步考察了与道德、质量等这些概念相关的道德规范的内容，最后建议用质量保证准则取代道德准则。Neill 等（2005）也针对会计这一特定群体的职业道德守则展开了分析和评估，对守则在制定和应用过程中存在的问题提出了改进和完善的建议，包括需要第三方对守则合规性的验证及会计师事务所对守则是否规范有效的公开评估报告等。但是截至目前，职业道德守则在多大程度上会对会计师的道德行为产生影响及其具体的有效性仍无定论。事实上，无论守则内容如何变化，人们普遍认为应用职业道德守则应该是有益的，专业人员包括社会公众对哪些应当构成适当的道德行为也已基本达成了共识。一些学者对不同国家之间职业道德守则存在的差异展开了研究（Farrell & Cobbin，1996；Lefebvre &

[①] CPC 和 COE 的守则构成体系基本相同，主要包括三个部分：（1）导论，阐述道德规范的目标、适用性和合规性，强调了遵循道德守则的必要性；（2）基本原则，虽然两者在原则和措辞顺序上前后有一些变化，但是都表达了有关道德和职业行为的基本原则要求；（3）道德规定或声明和细则。

Singh, 1996; Wood, 2000), 另一些则涉及与特定问题或条款相关的道德规范, 如贿赂行为 (Gordon & Miyake, 2001; McKinney & Moore, 2008) 和风险防范 (Blodgett & Carlson, 1997) 等, 也包括对部分守则内容的评价。例如, 独立标准委员会主席艾伦 (Allen, 1997) 就认为独立性并不仅仅是一个道德原则, 更是一个影响产品或服务质量的因素, 重视它的原因在于独立性有助于提高资本市场的效率, 进而提高整个经济的效率。Reinstein 和 Taylor (2017) 则肯定了道德守则中的防范措施 (safeguard) 条款, 指出这些防范措施就像围栏一样起到了屏障的作用, 有助于保护会计师免受诱惑、压力, 使他们因不遵守道德守则中某些具体规则的风险行为变得更为合理。

(四) 职业道德守则的影响因素

道德守则并不是一成不变的。为了适应本专业发展和外部执业环境的变化, 会计职业道德守则也在不断地扩展和更新 (Backof & Martin, 1991)。作为一种制度性的规定, 即使各个国家采用的都是国际会计师职业道德准则理事会统一制定的《国际职业会计师道德守则》, 但由于各国国情的差异, 职业道德守则在实施过程中会受到各方面因素的影响, 最终也会体现出不同的实施效果。目前有关职业道德守则的影响因素研究主要从经济发展水平、社会文化、法律体系等角度展开。

由于《国际职业会计师道德守则》主要由发达经济体的专业团体组织编写, 相应地也主要适用于发达经济体的会计师和会计业务 (Cohen et al., 1992), 因此对于发展中国家而言, 以其业务水准处理在发达经济体环境中产生的道德或利益冲突问题可能是不适用的, 或者说至少是不相关的。20 世纪 90 年代初期, 缺乏适合发展中国家使用的国际标准是统一会计准则所面临的主要问题 (Wallace, 1990; Cooke & Wallace, 1990)。因此, 一个国家的经济发展水平与是否采用国际会计师联合会制定的职业道德守则这一决定有直接关系, 欠发达经济体的会计职业组织会抵制采用国际会计师联合会制定的职业道德守则 (Cohen et al., 1992)。Clements 等 (2009b) 评估了各个国家会计组织制定的职业行为准则与国际会计师联合会最新修订的职业道德守则的一致程度，并检验了各国对是否采用国际会计师联合会制定的守则这一选择行为是否会受到经济发展水平因素的影响。结果显示，国际会计师联合会在协调各国会计师职业道德准则方面取得了一定的成功，很多尚未采用国际会计师联合会守则的会计组织正在努力将其道德准则与国际会计师联合会发布的守则之间的差异缩小到最低程度，还有一些国家计划在晚些时候采用国际会计师联合会制定的职业道德守则。该研究同时发现，出于成本效益的考虑，低收入经济体的会计组织由于不具备独立制定行为准则的资源和能力，因此相比发达经济体，它们反而更容易接受这类具有国际统一标准的职业道德守则。

另一个较为重要的因素就是社会文化。社会文化是指在某个社会中形成的集体信仰或社会规范（Hofstede & Bond，1984；Tan，2002）并指导可接受的行为，具体包括个人主义、集体主义、权力距离等。与社会文化有关的道德文献表明，人们对道德的看法因文化而异（O'Fallon & Butterfield，2005；Beekun et al.，2008；Rashid & Ibrahim，2008；Eisenbeiß & Brodbeck，2014）。Abbott（1983）最早对道德规范的定位是职业承认其社会义务的最具体的文化形式。作为道德的分支，职业道德自然也不例外。Vitell 等（1993）使用了 Hofstede（1980）的文化类型学作为框架来解释社会文化对个人不道德决策的影响，通过展示不同文化维度对不同社会道德决策的影响过程，分析了美国（或加拿大）和日本员工行为之间存在的差异。Jakubowski 等（2002）选取了美国、韩国、马来西亚、澳大利亚、印度五个国家以及中国香港、中国台湾和加拿大安大略省三个地区，根据各自在经济、政治、法律和文化环境等方面的多样性差异，对其注册会计师（特许会计师）职业行为准则的异同及对会计实践的影响进行了比较分析。研究结果显示，包括独立、诚信和利益冲突等规则类别在内的一些道德准则存在的共性表明部分道德规则内容确实是不受文化影响的。但由于各国或各地区文化制度和法律规范有所不同，特别是低语境文化的国家或地区更关注信息的口头内容，因而作为语言交流的一种形式，道德守则在制定时表述更为明确、详细。相比之下，高语境文化的国家或地区由于更加含蓄、内敛，对内容的理解需要观念或行为习惯的长期积累。因此，准则的具体要求和详细程度尚存在一定的差异，文化的不同为各国道德准则的差异提供了部分解释。Smith 和 Hume（2005）从吉尔特·霍夫斯泰德（Geert Hofstede）

提出的个人主义和权力距离文化维度中选择了 6 个国家的 249 位会计师进行了道德信仰调查,在对 8 个调查项目进行文化分析后表明,个人主义社会的会计师更有可能坚持个人原则,即使结果对组织有害,而集体主义社会的会计师更有可能将个人价值置于有利于组织的地位,研究结果验证了个人主义这一社会文化因素存在于会计师的道德反映中这一观点。Nguyen 等(2022)通过考察组织文化对越南会计师道德判断和道德意图的影响,发现以家庭为导向的家族文化占据主导地位,这对会计师的道德判断和道德意图都产生了显著的积极影响。

　　除了上述两个方面外,不同司法管辖区的法律体系也是影响职业道德守则的重要因素之一。虽然法律属于社会制度的范畴,道德属于社会意识的范畴,但是法律是基于道德发展起来的,两者都要求我们考虑他人而不仅仅是自身的权利和利益,而且法律允许不道德行为的存在。当然,有时候不道德的行为会违反法律的规定要求,道德不应与法律或服从权威意见相混淆(Callahan,1988)。由于法律和监管体系不可能详细地预测到每一种可能的不道德行为,加之受到制定成本、技术进步等各种因素的影响,职业道德守则不可能也无法以足够快的速度发展,以跟上并适应快速变化的商业环境,因而近年来发生的全球金融危机、会计舞弊和财务丑闻等在某种程度上主要归因于法律制度及有关监管层面的缺失。因此,我们就有足够的理由认为,为了满足社会公众的期望,在制定并使用职业道德守则的过程中,应充分考虑各个国家或各地区的法律制度要求。尽管道德守则的战略性作用可能与促进内部道德行为的真实意图并不相关,但是它确实可以作为一种使企业或事务所等组织的道德声誉合法化的战略手段(Long & Driscoll,2008)。

　　目前在数字经济成为主流趋势的背景下,随着大数据和人工智能等信息技术的快速发展和广泛应用,在会计或审计业务中做的工作也由以往简单、例行、重复率高的机械性任务,逐步发展到复杂、具有异质性以及需要认知思维能力解决的灵活性业务。一方面,大数据在会计和审计中的地位愈发重要,提高了决策的透明度和实用性,对于补充和增强传统财务信息披露起到了巨大的推动作用(Warren et al.,2015)。作为一种类似于品牌形象的企业资产(Brown et al.,2011),大数据已经被越来越多地用于企业的业务处理和交易事项中。相比 2000 年大约 25% 的数字化信息存储，目前已有超过 98% 的信息是数字化的（Cukier & Mayer-Schönberger，2013），以大数据为基础做出的决策和分析将企业生产率提高了 5%~6%（Brynjolfsson et al.，2011），收集并评估大数据正成为企业保持竞争优势的关键所在（Bughin et al.，2011）。另一方面，人工智能机器人会引发社会变革，从而产生不同程度的道德影响（Veruggio et al.，2016；Wirtz et al.，2018；Alles & Gray，2020）。尽管目前来看很难预测人工智能机器人的技术创新速度及其未来具体的应用场景，但是由于人工智能允许在更为细微的层面上对客户信息进行分析（Kosinski et al.，2013），为会计师和事务所积极阻止不道德的行为提供了可能性（Haenlein et al.，2022），因此基于业务和管理的人工智能机器人的道德讨论对于降低未来风险是必要的（Russell et al.，2015）。如同算法和个人数据收集已经出现的情况一样（如剑桥分析丑闻，Wang et al.，2020），人工智能机器人可能会在最高层面上引发道德和责任问题，显著地重塑社会政治秩序（Westerlund，2020）。Moll 和 Yigitbasioglu（2019）对 38 篇公开发表的论文进行了研究，探讨了会计师和会计行业如何受到技术应用的影响，认为会计决策的质量会随着技术一体化水平的提高而提高，同时也验证了技术应用给会计领域带来的好处，包括取代简单的重复任务、促进对更大量数据的检查以及有助于决策程序化等。尽管技术的应用为人们提供了充分的数据共享以及可以补充和增强管理会计、财务会计和审计任务的工具，但是同时也引发了公众对会计师职业的合法性和角色的担忧，目前学者们对这些技术以及这些技术如何影响会计师的日常工作并没有给予足够的重视。就现有情况来看，与技术发展所需要的监管和道德框架是缺乏的（Scherer，2016），有关技术将如何影响会计道德方面的探索很少（Gunz & Thorne，2020）。针对这一现状，Hyrynsalmi 等（2020）对区块链技术应用和道德的关系进行了系统的文献梳理，发现目前有关研究主要关注数据安全、透明度和隐私性方面的问题，对道德理论基础、分析工具和指导框架等区块链技术使用的道德后果方面的问题缺少实质性分析和讨论。Sharif 和 Ghodoosi（2022）就区块链技术如何通过道德决策改善当前的组织实践进行了研究，发现检查数据的准确性、属性和可访问性都会引发区块链技术在会计业务使用中的道德问题。就人工智能机器人在使用过程中存在的伦理问题还缺乏深入的理论、方法和实证研究 ［例如，D'Cruz 等（2022）提出的道德影响以及在使用人工智能机器人时存在的问责制等］这一现状，Tóth 等（2022）利用描述性和规范性的伦理理论，创造性地解释了人工智能机器人应用的伦理影响。通过研究，他们提出了一个概念性的新框架，该框架详细阐述了道德轨迹和道德强度如何与特定情境的人工智能机器人应用相结合，以及可能对问责制产生的挑战和影响。

（五）职业道德守则的改进和完善

1. 违规原因、后果和惩戒措施

为了维持各利益相关者之间关系的正常运行，更好地改进并完善会计职业道德守则，有必要研究违反职业道德守则行为或者说是不道德行为产生的原因、导致的后果及采取的惩戒措施。自 20 世纪 80 年代末有关会计职业道德的研究兴起以来，人们持续关注引发职业道德缺失的根源。正如前面所说的，违反或背离职业道德的原因常常源于社会公众相互依赖的日趋复杂的利益网络。在追溯 2008 年全球金融危机产生的缘由时，除了各方对利益永无止境地追逐外，不同领域职业道德的缺失就是此次金融危机的起源，其中包括政府部门放松严格的管制要求、贷款机构对于客户的信用审查没有达到受托责任的标准、信用评级机构提供不真实甚至虚假的债券评级以及客户填写贷款申请时未能如实申报个人和家庭信息等，概括地讲，对于金融危机的另一种解读就是在管理利益相关者关系方面缺乏必要的职业道德监督和约束。

就会计师违规行为形成的原因来看，Tang 和 Sutarso（2013）从传播路径这一微观层面对诱惑及其与不道德意图的关系进行了深入分析，发现诱惑会通过直接路径和间接路径形成不道德意图，其中间接路径检验表明，会计人员缺乏自制力会导致低层次的管理行为，从而最终引发盗窃、腐败或欺骗等高度的不道德意图。Reinstein 和 Taylor（2017）则从宏观层面做出了判断，认为职业判断空间的扩大为会计人员从事不道德行为提供了机会（Ponemon，1990；Harrington，1997）。需要指出的是，由于专业判断主要依赖个人的信念和价值

观，因此专业判断可操作与否最终还是取决于道德的发展程度（Louwers et al.，1997）。Fatemi 等（2020）以国际会计师职业道德准则理事会 2016 年和美国注册会计师协会 2010 年、2014 年制定的职业道德准则为研究对象，对影响道德标准传递的因素进行了检验，研究结果显示，当诚信（倡导）标准在倡导（诚信）标准之前提出时，税务从业人员选择税收优惠的可能性更小（更大），即职业道德守则出台或干预的顺序会显著影响税务从业人员的职业判断。从道德行为的影响方式来看，Pickerd 等（2015）发现下级职员的不道德行为不仅受到上级主管的影响，还受到下级主管的影响。这一点在 Cieslewicz（2016）的研究中也得到了验证，即主管可能会有意鼓励下属操纵会计信息，因此不应依赖主管向下属传达道德守则，否则极易引发会计师违规行为。由于职业道德的缺失（Staubus，2005）会引发市场产生信任危机（Tenbrunsel et al.，2003；Treviño et al.，2006），因此针对频发的财务丑闻严重削弱了公众信任（Lail et al.，2017）这一突出问题，Ardelean（2013）采用了建构主义分析方法，对审计师的道德是否受到利益冲突的影响以及审计师的道德观是否有助于恢复因审计失败而受到严重损害的公众信任展开了调查，结果表明，审计师的不断努力能够给恢复公众信任带来正向、积极的影响，此外，该研究也支持了 Velayutham（2003）的观点，即对职业道德的日益关注来源于对会计和审计服务质量的更高要求。

有关道德违规行为后果及其惩戒措施方面，Finn 等（1988）最早指出，更改纳税报告、变更财务报表、利益冲突和独立性、费用以及个人职业发展是会计行业中存在的主要道德问题，并有学者建议将道德（伦理）纳入会计教育中（Armstrong，1987）。学者们分别从行为伦理学、具体的道德决策过程和股东等角度对不道德行为及其引发的后果进行了研究（Treviño et al.，2006；Kaptein，2008；Tenbrunsel & Smith-Crowe，2008）。通常情况下，对于会计师的违规行为市场会做出不同程度的反应，即以市场禁入的方式进行惩戒。市场禁入分为两个层次：第一个层次是会计师的道德精神，即个人声誉或行业声誉；第二个层次是法律规范要求，也就是社会认可或公众可接受会计师行为的最低标准。相对第二个层次较为直接、明确的惩戒而言，因为自我或行业声誉受到负面影响而导致的市场禁入实际上是可以得到一定程度缓冲的，这就是维护自我声誉或行业声誉的道德准则作用所在。当然，由于法律是道德的底线，因此违反职业道德守则的行为可能会涉及违法行为，从而导致刑事诉讼并对相关责任人处以监禁等不同形式的惩罚。正如安然公司（Enron）那样，安达信公司（Arthur Andersen）的会计师因为其不道德甚至违法行为不仅给安然公司、股东、债权人和员工带来了巨大损失，也最终因涉嫌妨碍司法公正宣布倒闭。根据美国注册会计师协会 1980~2014 年对国家（州）会计委员会、美国证券交易委员会、美国国税局和上市公司会计监督委员会等监管机构通报的道德违规行为所采取的纪律措施的研究，Armitage 和 Moriarty（2016）发现在所有通报的道德违规行为中，两种最常见的违规行为都是与提供不合格的专业服务和实施犯罪行为有关，所采取的纪律处分从轻微（谴责）到严重（暂停或终止其 AICPA 会员资格）不等。Cardona 等（2020）在已有基础上拓展了注册会计师道德违规行为的研究，通过分析波多黎各注册会计师在 2002~2010 年的道德违规行为以及当地监管机构所采取的相关纪律处分，并将其与美国注册会计师道德违规行为的相关研究进行了比较，除了部分可归因于波多黎各本国政府的制度设计差异外，研究结果表明会计行业行为准则以及会计师遵守这些道德准则的重要性，同时建议在政策方面应积极执行美国注册会计师协会颁布实施的职业行为准则。由于不道德行为可以通过多种方式进行，并主要与执行人的意图有关（Barr-Pulliam，2017），因此在通常情况下，不道德行为不仅很难观察到而且难以识别。Cohen 等（2010）将舞弊三角理论与计划行为理论（Theory of Planned Behavior, TPB）结合起来，对舞弊案件中管理人员的不道德行为进行了研究，认为审计师在评估不道德行为时应该更好地整合态度因素，并指出在分析与舞弊有关的管理人员不道德行为时，计划行为理论是一个有用的指导框架。以此为基础，Alleyne 等（2018）和 Seitz 等（2020）就计划行为理论应用于衡量道德行为的意图展开了研究，结果显示，审计组织中可感知的组织支持（Perceived Organizational Support, POS）是控制公共会计师行为的重要机制。考虑到道德推脱（moral disengagement）是理解道德行为的重要机制（Treviño et al.，2006，2014），Black 等（2022）使用路径建模方法，进一步扩展了计划行为理论在具体工作场所中的应用，认为要有效改善道德行为，减少道德推脱至关重要。

2. 改进和完善

会计职业的目标就是在财务报告中产生信任，从而促进经济的可持续发展。其中，职业道德守则在确保会计师、审计师与投资者和其他利益相关者的共同利益方面发挥着至关重要的作用。一个真正有效、相关且有用的会计师职业道德守则，既需要对会计师或会计师事务所所具有的美德或品质给予细致的阐述，也需要一个高效的同行评议系统以便进行持续的改进和完善（Spalding & Oddo，2011）。由于会计师事务所提供的服务不限于私人领域而被认为是公共产品，因而会计行业的职业道德守则会比社会为其他群体设定的标准更高（De George，2005）。Preston 等（1995）通过对会计职业道德守则制定方法的研究发现，为了及时解决当前关注的问题，包括澳大利亚和新西兰在内的许多国家尽快修订并完善了它们的会计职业道德守则，同时为了支持道德守则的实施，这些国家配套执行了更严格的纪律或法律程序。尽管道德守则中的新条款似乎非常关注质量（Preston et al.，1995），然而这并不意味着守则是全面的、完整的。近年来各国资本市场发生的一系列舞弊案例、财务丑闻以及审计失败表明，职业道德守则尚未实现预期的效果，与公众期望的标准和要求还有一段距离。虽然一再发生的财务舞弊也引发了更严格的监管、更高的处罚以及对会计和审计行业的诚信、独立性和高管董事的调查，但是随着舞弊行为愈演愈烈，公众的容忍度在急速下降，对于职业道德守则所能发挥作用的期望也逐渐提高。一方面，应将结构化理论、利益相关者理论和责任伦理结合起来应用，以增强在商业背景下定义道德行为的能力（Dillard & Yuthas，2002）。另一方面，就总体建设而言，有必要加强道德守则的正式建设和非正式建设。其中，正式建设可以采用专业培训、监督、检查和制裁系统等方式（Tenbrunsel et al.，2003）；非正式建设可通过管理人员的道德领导行为来影响员工行为，为整个组织的道德氛围或道德文化的形成发挥关键作用（Brown et al.，2005；Brown & Treviño，2006；Neubert et al.，2009），进而维持或恢复公司在利益相关者眼中的道德声誉（McKinney et al.，2010）。Sunder（2009）根据其2005年提出的观点，即会计应作为一种社会规范而不是一份不断扩大的越来越复杂的规则清单，指出为了实现会计的监管目的，即便仅仅基于对技术方面的考虑，社会规范也应是带有道德的力量，并进一步提出应将真实和公平作为财务报告的道德指南针。在改进过程中需要注意，如果采用以原则为基础的方法来制定道德标准，那么就需要一个更折中的、以群体为导向的方法，而不是一个更标准化的、以规则为基础的侧重于个人遵守的系统（Clements et al.，2009b）。具体的道德守则内容方面，Florio 和 Leoni（2017）对 ISO 31000：2009 的《风险管理框架》和国际会计师职业道德准则理事会的《国际职业会计师道德守则》的内容进行了整合分析，通过对两者之间基于风险的识别和评价方法等存在的相似之处以及对利益冲突的解决方式进行比较研究后指出，对于利益冲突造成伤害的最好对策就是强大的道德计划以及组织中每个人具有强烈的内在道德意识。进一步地，对于如何制订有效的道德计划，Florio 和 Leoni（2017）建议可以从建立准则和程序、设立专门委员会监督治理结构、制定适当的风险管理框架、设计与道德规范相一致的激励措施以及对道德规范进行必要的修改等方面展开。有关人工智能技术应用方面，应持续围绕人工智能使用过程中存在的道德问题，在程序开发人员、事务所、会计师、监管机构和所有其他利益相关者之间建立反馈循环（Brey，2012）。

二 国内研究现状

国外有关会计师职业道德守则的文献基于道德认知发展理论，围绕道德决策和行为产生的过程等做了大量的理论和实证研究，通过分析其中存在的问题，在未来职业道德守则的改进和完善方面取得了丰硕的成果。相比而言，由于我国会计职业道德守则建设起步较晚，国内有关职业道德守则的研究涉及面较窄，受限于数据的可获得性，研究方法仍以规范性研究为主，文献资料相对有限。尽管多数学者已经认识到高质量的财务报告和真实的信息披露①有助于

---

① Bayou 等（2011）通过对 20 世纪 80 年代以来安然、环球电讯、世通和泰科等公司丑闻，安达信的倒闭以及 2008 年全球金融危机的分析，指出这些重大事件都与虚假、误导性或不真实的会计直接或间接相关，认为一份虚假或具有误导性的财务报告意味着在某种程度上相信可能存在一份真实或不具有误导性的报告。他们在实用主义的层面上探求会计真实性的真正意义，认为财务报告的最终目标是"决策有用性"而不是真实性。实际上，信息的有用性并不意味着真实或对交易事项进行了如实描述，例如，"……有用的可能是错误的，而错误的可能是有用的"（Rorty & Engle，2007）。由于本书的重点在于职业道德守则变迁而非会计信息的质量特征，因此不再对有用性和真实性做进一步的讨论。

降低资本成本、提高市场透明度，从而促进资本市场长期健康稳定发展，但是有关职业道德是专业水平发展的"瓶颈"这一意识尚处于起步阶段，有关职业道德准则完善和未来发展方面的研究有待深入。就已有文献来看，国内最早由陈汉文和林志毅（1996）提出分别在中国注册会计师协会和会计师事务所内部设立专门的职业道德主管部门及注册会计师职业道德委员会，并同时强调了注册会计师加强自身职业道德修养的必要性。通过比较美国注册会计师协会、国际会计师联合会、香港会计师公会和中国注册会计师协会发布的职业道德准则的组成体系，陈汉文（2003）提出应将我国会计职业道德准则区分为指明注册会计师理想行为标准的基本原则和规定注册会计师最低行为标准的规则两个层次并给予解释说明。与之类似，谭艳艳（2012）对美国注册会计师协会（AICPA）、国际会计师联合会（IFAC）以及中国注册会计师协会（CICPA）三个机构会计职业道德准则的制定背景、导向、结构体系和主要原则的异同点进行了比较分析，结合我国现行的会计职业道德准则存在的不足，提出了结合具体国情进一步明确定位、扩大受众以及增强实用性等建议。进一步地，陈汉文和韩洪灵（2005）基于公共合约观搭建了职业道德分析的五维框架，按照时间顺序对注册会计师职业道德准则的内在逻辑和演变规律进行了概括。就具体的会计伦理决策制定过程及会计伦理行为决策优化的角度而言，谭艳艳和汤湘希（2012b）基于计划行为理论对我国会计人员的伦理决策现状及其制定的影响因素进行了问卷调查，结果显示，会计人员的态度和主观规范对他们的伦理意向有显著影响，认知行为控制对伦理意向的影响程度要视具体情景性质而定，因此应加强对会计人员的伦理意识和规范意识的教育，同时应注重组织伦理氛围的营造。实际上，单纯从决策优化的视角来看，无论是行为功利主义还是规则功利主义，其实质都遵循"成本-效益"理论，即只要某种行为带来的总收益大于其成本，该行为就是正当的、可接受的，反之，该行为就是不道德的。有关职业道德守则的性质和实施方面，韩洪灵和陈汉文（2007）认为其本质是对职业会计师与利益相关者之间交互行为方面的约定，而会计职业道德合约的实施需要在中止交易、自我管制以及声誉机制等自我履行和独立管制、政府管制以及法律责任等强制履行之间取得一种恰当的平衡，特别是强制履行机制的适当配置在一定程度上可以拓宽自我履行机制发挥作用的范围。随着业务复杂程度和执业环境的快速变化,学者们意识到仅有道德准则规范是不够的。陈汉文和韩洪灵(2019)又以上述注册会计师职业道德的性质与履行机制为基础,在操作层面上对注册会计师职业道德惩戒系统这一最为重要的措施进行了总结,认为强制履行机制的具体化和操作化构成了注册会计师职业道德惩戒系统的主要组成部分,并以此为核心分别从中国注册会计师协会、证券交易所、财政部门、监督管理部门以及刑事责任和民事责任等法律层面对中国注册会计师职业道德惩戒系统进行了初步构建。通过回顾美国注册会计师协会发布的《职业行为守则》中关于广告和招揽的 502 规则的历次内容变更,柳木华(2009b)发现社会文化、政治法律、内部垄断利益、职业诉求和内部纷争是决定会计师职业道德守则变迁的主要影响因素。根据对美国注册会计师协会和国际会计师职业道德准则理事会在职业道德准则制定理念方面的对比分析,柳木华(2009a)认为,国际会计师职业道德准则理事会的制定思路重新重视"会计人员职业判断",并逐渐开始强调原则,这表明概念框架的应用范围在持续扩大,道德守则制定范式的未来发展方向是风险导向职业道德概念框架。

第三章　会计职业道德的起源、形成和发展

一　职业道德的起源

（一）商业伦理

长期以来，哲学家们都在致力于道德伦理问题的研究。最早关于人性的认识和假说主要有四种观点，分别是以战国时期著名思想家孟子（约公元前 372～前 289 年）和法国启蒙思想家让－雅克·卢梭（Jean-Jacques Rousseau，1712～1778 年）为代表的性善论、以战国时期著名思想家荀子（约公元前 313～前 238 年）和英国哲学家托马斯·霍布斯（Thomas Hobbes，1588～1679 年）为代表的性恶论、以战国初期思想家世硕和古希腊哲学家亚里士多德（Aristotle，公元前 384～前 322 年）为代表的性有善有恶论以及以战国初期著名思想家墨子（约公元前 476～前 390 年）和自由主义之父约翰·洛克（John Locke，1632～1704 年）为代表的性无善无恶论。作为哲学的一个重要分支，伦理学主要是对道德、道德问题和道德判断的思考（Frankena，1973），涉及指导人类行为的一系列原则，主要是关于对与错、好与坏以及人们应该做什么和不应该做什么的规范性和价值性方面的判断研究（布鲁克斯和邓恩，2019）。1962 年，美国政府发布的《关于企业伦理及相应行动的声明》中首次将商业和伦理两者联系在一起。在 1974 年美

国堪萨斯大学召开的第一届全美商业伦理研讨会上，商业伦理这一概念被提出并随之确定下来。经过产生（20世纪60年代初）、确立（20世纪70年代）和发展（20世纪80年代）三个阶段，商业伦理从20世纪90年代开始步入深化完善阶段。无论是微观、中观、宏观层面的商业伦理（恩德勒，2002）还是制度伦理、公司伦理和个人伦理（贝拉斯克斯，2013），其所发展起来的思想、概念和原则都是评价公司和个人行为的重要试金石。商业伦理所秉持的效用（Jeremy Bentham，1748～1832年；John S. Mill，1806～1873年）、权利与义务（Immanuel Kant，1724～1804年）、正义与公平（John B. Rawls，1921～2002年）等道德评价标准及其所具有的指导、评价和教化功能最终都会通过利益因素体现出来。特别是在个人的多样性以及所面临环境复杂多变的情况下，更需要企业董事、高管和会计师认识到道德规范的重要性，并尽可能将道德规范融入企业的制度建设和组织文化中，从而在追求利益最大化的过程中起到抑制、鼓励或肯定的作用，使其能够做出合乎道德规范要求的战略计划和决策，进而达到调整企业与利益相关者之间关系的目的。

作为公司的最佳长期战略（贝拉斯克斯，2013），企业只有遵守商业伦理才能实现可持续发展（德鲁克，2019）。在企业这一市场微观主体的运行过程中，既包括自身的内部行为，也涉及外部的供应商、客户、竞争者等利益相关者。因此，无论是企业的公司治理还是承担的社会责任，抑或是与竞争者和消费者的合作关系，都属于企业商业伦理聚焦的领域。例如，从公司治理角度来看，保护股东的资产收益权、决策参与权、事件知情权，管理层的勤勉尽职、如实披露、诚信报告、保密，治理层董事和监事的忠诚、独立性、应有的职业能力，雇佣关系中雇员的审慎勤勉、雇主对员工的包容、维护员工权益和尊严；从社会责任来看，企业应提供质优价廉的产品、保护环境、尊重人权、支持社区发展等；从市场竞争行为来看，应禁止商业贿赂和恶性低价竞争、保守商业秘密、不得组织虚假交易和编制虚假信息等；从消费者关系来看，应确保产品的安全性、如实宣传、童叟无欺、保护他人隐私等。随着企业行为的逐步下沉，作为商业伦理重要组成部分的职业道德开始在各个专业领域显现。

（二）职业道德

职业道德与职业劳动是直接相联系的，它起源于劳动的社会分工，既反映了不同职业分工的内在规范要求，又体现了职业劳动者的主体创造精神。因此，会计职业道德与会计行业的发展是密不可分的，会计职业道德是会计职业服务质量的决定因素之一。1581 年，世界上出现了最早的会计职业团体——威尼斯会计师协会。作为现代复式记账体系的发源地，意大利各个城市随后陆续成立了类似的组织。由于早期的经济发展速度较慢，企业构成和业务种类较为单一，因此各协会仅仅是作为一种团体形式而存在，并没有对英美及世界其他国家的会计职业发展产生影响。从 18 世纪 60 年代开始，以棉纺织业的技术革新和瓦特蒸汽机的广泛使用为代表的第一次工业革命开始兴起，英国成为当时生产水平最高、工业最为发达的国家。随着生产力的迅速提高，与大生产相适应的股份公司这一新的企业组织形式出现了，从而对会计行业提出了新的要求，进而引发了会计内容的变化。会计服务的对象扩大了，从过去只服务于企业单个主体，逐渐发展为通过会计师的活动为多个企业提供服务，使得会计成为一种社会活动。与此同时，会计的内容也有所发展，从过去以记账和算账为主，转变为包括编制和审核财务报表，在记账和算账基础上开始注重查账这一职能。随着服务对象范围的扩大，涉及的利益主体日益增多，企业账表也需要接受外界特别是会计师的监督，只有这样才能取信于人。经济越发展，社会对于会计师的依赖性也越来越强。正如财务会计准则委员会（FASB，1978）所指出的那样，由于许多潜在用户需要根据他们与企业的关系以及对企业的了解来做出经济决策，因此对财务报告所提供的信息提出了更高的要求。这些潜在用户包括企业所有者、投资者、债权人、产品供应商、员工、管理层、董事、客户、金融分析师和顾问、经纪人、承销商、证券交易所、律师、税务当局、工会、贸易协会和监管机构等。在这一背景下，1854 年世界上第一个会计师协会——英国爱丁堡会计师协会成立（吴水澎，1994）。作为近代会计发展史上的第二个里程碑，该协会的成立标志着注册会计师职业的诞生。早期英国会计团体的工作重点是通过管制并评价进入团体的能力水平，加强行业自律，规范英国会计职业的发展，这个过程中政府几乎很少干预。实际上，英国职业协会的成立是由多种因素推动的，工业革命引发社会政治、经济、企业组织等方面的巨变导致社会对专业会计师服务的需求剧增，而当时入职低门槛及缺乏规范使得会计师水平参差不齐，为了更好地承担维护公众利益的责任，避免会计职业界陷入囚徒困境，有必要成立会计师职业团体，对注册会计师的从业资格以及与社会公众等各利益相关者之间的交互行为予以规范，从而进行质量方面的把控成为业界亟须解决的问题。当然，应对竞争压力和不同情境下会计问题的解决办法，特别是当时苏格兰酝酿的破产法修订案是最为直接的原因。正如知名会计学家查特菲尔德（2017）所指出的，英国的会计师职业是"通过破产诞生，由疏忽和舞弊哺育，与清算共同成长，然后通过审计而确立的"。由于当时环境下经济发展水平相对较低，对注册会计师提供的服务要求不高，公众利益涉及面窄而且保护诉求不强烈，加之所处时代认为注册会计师应具有"机智、谨慎、坚定、公正、正直、勤勉、判断力、耐心、清醒的头脑和可靠"等素质（Dicksee，1951），因此必然导致要通过道德观念调整注册会计师的行为。1880 年成立的英格兰及威尔士特许会计师协会（ICAEW）在章程中明确要求"保证会员达到较高的专业水准，高质量地遵守职业道德，及时清除违背章程的人"（文硕，1996）。尽管 1898 年英格兰及威尔士特许会计师协会申报的第一个《会计师法案》（The Accounting Bills）没有获得议会通过，但其中也提到了职业道德问题，并明令禁止非合格人员使用"会计师"称号（陈汉文和韩洪灵，2005）。

从 19 世纪上半叶开始，美国进入了工业化时代。到了 19 世纪末期，美国工业快速增长，私人企业纷纷向股份公司转变。因业务需要，英国会计师每月都要去美国对自己的委托人在那里建立的铁路、酿酒厂等企业的会计账簿和财产进行审查。金融资本的发展和英国会计师的业务交流极大地促进了美国会计职业的发展。鉴于起步阶段注册会计师行业较为混乱，业务质量参差不齐，为了拉业务而张贴的吹嘘成性的广告随处可见。为了保证行业服务质量，更好地维护社会公众利益，美国在 1887 年成立了美国公共会计师协会（AAPA）。作为美国第一个会计职业群众组织，由于当时的公众期望差距尚未产生或者并不十分突出，该协会沿用了英国会计职业团体的理念，主要通过道德观念来约束并规范注册会计师的行为，从而达到维护社会公众利益的目的。在公众利益至上这一目标引领下，早期的从业及管理者一直都把职业道德置于具体的业务技术标准之上，这一点在 18~19 世纪的注册会计师考试中表现得尤为突出。①

二　职业道德的形成

作为鲜明表达会计职业业务、职业责任和职业行为的道德准则，会计职业道德守则不是一般性或概括性地反映社会或职业阶层的道德要求，而是要明确反映职业、行业乃至所在产业的特殊利益需求。会计职业道德是社会道德体系的重要组成部分，既具有社会道德的一般作用，同时又具有自身的特殊作用。它不是在一般意义的社会实践基础上形成的，而是在特定的会计职业实践的基础上发展起来的，因而往往具有会计职业特有的道德传统和道德习惯，表现为从事会计行业的人员所特有的道德品质和素养。通过调节会计职业从业人员的内部关系以及与其服务对象之间的关系，加强行业的凝聚力，塑造会计行业从业人员的形象和信誉，从而促进整个行业的发展。

从与社会道德的关系来看，会计职业道德既能够使一定的社会或阶级的道德原则和规范具体化、职业化，又能够规范、促进并提升会计师的个人道德品质。会计职业道德虽然产生并形成于特定的执业环境中，但最终无法脱离社会道德或阶级道德而独立存在。换句话说，会计职业道德始终是在社会道德和阶级道德的制约和影响下存在与发展的，两者之间是特殊与一般、个性与共性之间的关系。任何一种行业或职业道德无不体现出所处的阶级道德或社会道德的要求，反之亦然，某个行业、阶层或不同社会的道德也会通过各种形式在不同程度上借助职业道德予以体现。

各国资本市场的快速发展不仅催生了更多新的业务，也吸引了更多的人进入会计行业，从事会计职业的人数出现了井喷的现象，即使业务能力

---

① 　例如，在 1896 年美国第一次注册会计师审计部分的考试中，第一题有关审计人员的职责和责任的参考答案是"在缺乏任何法定或具体的解释时，应该从纯理想和道德的观点来看审计人员的职责和责任……"。

和道德素质低下的不合格者也参与其中争揽业务。因此对于早期从业者而言，如何维护职业的公信力和形象，防止公众利益受到不当侵害成为会计职业团体面临的重要问题。考虑当时所处的政治、经济及法律环境，不但注册会计师通过个人合约的方式与客户就提供的服务质量进行谈判的成本过高，借助技术标准规范注册会计师行为的作用十分有限，而且以纯粹的职业道德观念约束注册会计师行为的方式也显然与社会的发展不同步、不相符，因此，专门的职业道德研究和制定机构呼之欲出。1906 年，在以蒙哥马利为代表的多方人员推动下，美国公共会计师协会在其内部首次成立了职业道德委员会。作为研究和制定会计职业道德准则的正式机构，职业道德委员会的设立标志着职业道德开始从抽象的理解、个人感悟和私人的合约向具体的表述、公认条款和公共合约转变，从此，会计职业道德开启了制度建设的征程。

无论是 1889 年美国公共会计师协会发布的章程还是 1906 年公布的正式规则，都对所得佣金或业务报酬、从业资格等职业道德方面的内容进行了明确规定。经济越发展，会计越重要。作为责任重大且极具风险的行业，会计职业道德同样会涉及各方面的利益，包括注册会计师与客户以及外部各方利益相关者之间，其重要性可以说等同于具体的业务处理准则，直接关系到整个会计行业乃至资本市场的生存和发展。自专门的职业道德委员会成立后，应如何制定会计职业道德准则以及制定什么样的准则①等引发了人们的争论。本书选取较为有代表性的三种观点展开介绍。第一种是以约翰·福布斯（John Forbes）为代表的保守派。该观点反对制定成文准则，认为职业道德属于精神层面的追求，难以用准则或公约的书面形式予以规范。保守派的想法与传统的认知相符，觉得会计师会在执业过程中根据具体的实践经验自然而然形成道德规范，不需要

---

① 准则（standard）是人们默认或社会公认的道理和规律。守则（code）是指某一社会组织或行业的全体成员在自愿的基础上，经过充分讨论并达成一致的意见后制定的行为准则。虽然两者都带有规则、公平和约束的色彩，但是相比准则而言，守则是更小范围内的群体对准则的进一步细化，更具有可操作性和指导性。从一般性的规定或规范性内容方面来看，世界范围内有关会计师职业道德准则或职业道德守则的框架及条款名称基本相同，各国因习惯或风俗的差异有不同的叫法，因此本书对其应称为"职业道德守则"还是"职业道德准则"不再做进一步的讨论，一般情况下统称为"职业道德守则"。

额外制定或发布任何准则要求，行业中的每一位从业者都会由他们自己的良心来指导如何处理各方利益。在这种观点下，社会公众利益的保护只能依赖会计师个体对于职业道德的认知以及从业务经验中形成的观念。因此，这种方式下公众利益受保护的程度较低，处于极度不稳定的状态中。实际上，随之而来的伦敦保险公司、金斯顿棉纺织厂和伦敦石油储藏公司等案例无不表明公众已经开始对注册会计师产生期望差距，仅凭注册会计师个人的道德良心已不足以规范注册会计师的行为，保守派所主张的这种放任自由的方式显然已不合时宜。第二种是以约翰·亚历山大·库珀（John A. Cooper）为代表的激进派。与保守派的观点相反，激进派认为由于存在个体差异，加之职业道德本身是一种较为抽象的概念，因此不同的从业者对于职业道德的理解和实际应用会存在不同程度的偏差。为了确保统一性和一致性，激进派主张应以文字形式制定规范、全面且严格的道德准则，并强制注册会计师予以遵守执行。由于激进派的主张限制了多数会计师的行为，妨碍了他们获取利益，因而遭到很多会计师的强烈反对。特别在 20 世纪初期，社会网络密集度较低，经济利益关联度不是很高，公众利益对注册会计师的执业服务质量相对不太敏感，加上职业界长期以来存在"重观念轻制度"的路径依赖，因此激进派提倡的观点在当时没有得到社会及职业界的认可。第三种是以约瑟夫·埃德蒙德·斯特里特（Joseph E. Sterrett）为代表的折中派。折中派提出，可以分别就公共会计师与有关其客户方面的职责和责任、会计师与公众的关系和会计师与其同行的关系三个方面出台一部成文的职业道德准则，但是应根据具体情况做适当的调整和保留，即制定有限的成文准则。斯特里特认为，由于不同时代、不同社会的认知存在差别，人们对于"公平"、"公正"或"真实"的理解标准是不同的，因此道德标准并不是绝对的，而是处于动态发展中，纳入任何正式的道德准则中的条款或规章都必须随着时间的推移而改变。这一代人认为是道德的东西，也可能对未来的几代人而言就成为不恰当的了，因此，制定的任何准则只要它们满足当时的社会需要就是可行的。折中派介于保守派和激进派两者之间，在肯定激进派观点的同时，更多考虑了外部环境的变化影响，赋予了准则一定的弹性空间。折中派的观点不仅契合了当时所处的时代背景，也与会计师行业的接受能力及认可程度相匹配，因此得到了多数人的认同。虽然美国公共会计师协会所采纳的五条道德条款获得了通过①，但是在将其尝试强加给美国各州予以遵照执行的过程中却以失败告终。鉴于行业自我管制失败，政府管制开始介入会计职业道德准则的制定过程。1917 年，美国公共会计师协会更名为美国会计师协会（AIA），正式授权职业道德委员会考察和评价会员遵守行为准则的情况。以此为契机，职业道德委员会以 1906 年附则中的两个条款为基础，发布了第一个职业道德准则，即包括"保证会计师事务所如果其所有的合伙人不是协会会员，就不得称自己是美国会计师协会会员""会员不得故意对反映事实严重失实的财务报表或严重漏记的财务报表进行证明""会员不得从事与自己的会计业务相矛盾或不一致的任何活动""会员除非在自己的监督下，或者由自己的合伙人、雇员、协会会员进行了审计，或者由国外的相同的协会会员进行了审计，否则不得对财务报告表明意见"等在内的八条行为准则。尽管这八条行为准则并没有深入实质性的问题，而且在当时社会经济发展状况下，无论对会计师的服务质量还是公众利益保护，都并未提出过高的要求或者引起重视，因此准则实施效果非常有限。鉴于它是针对当时社会上出现的舞弊行为所提出的相对全面的准则，从这个程度上讲，1917 年发布的八条行为准则内容为接下来一系列的职业道德准则的制定奠定了良好的基础，而这也表明公众利益的影响会直接影响道德准则的修订。

由于美国政府反对通过强制手段直接干预经济，对工商业发展一直采取放任自由的政策，因而导致了 1929 年美国股市的暴跌，引起了世界性的经济危机，影响波及了西方各国。这次危机引发了政府和公众的思考。正如普雷维茨和莫里诺（2006）所言，"如果要会计师对 1929 年的金融恐慌负有全部责任的话，也许这恰恰就是说，由于他们作为职业人员却没有能够进行合作，因而妨碍了各种会计准则的制定并使得自我管理得不到认可。而后者也许是一个有活力的协会本来就应该具有的机能。上述这种权威的缺乏，在职业界未能提出和实施严格的职业道德和教育准则方面，就十分明显，达到了令人痛惜的程度"。这次经济危机除了资本主义社会固有的生产社会化与生产资料私有制之间的基本矛盾外，其直接原因是工商业发展缺乏监管，股票投机活动猖獗，公

---

① 1907 年，美国公共会计师协会（AAPA）采纳了"禁止与外行分享专业收费""禁止不相容工作"等五条禁止性的职业道德准则。

司股票价格被不恰当的会计程序和方法人为地夸大抬高又是主要的导火索。面对经济大萧条，人们不仅意识到政府干预的重要性，也开始重视会计在资本市场中的监督作用。为了尽快恢复经济发展，重建经济危机后的投资者信心，美国国会在 1933 年、1934 年先后通过了《证券法》和《证券交易法》，就证券的发行和交易监管进行了立法规范，并成立了证券交易委员会（SEC）。作为直属美国联邦的独立准司法机构，证券交易委员会主要负责美国的证券监督和管理工作，包括制定具有法律约束力的会计准则，从而保障投资者的利益。从其在美国资本市场的地位和影响以及与会计职业界千丝万缕的关系不难看出，证券交易委员会对美国会计的发展有着决定性的作用。随着罗斯福新政的实施，政府开始对市场进行干预和监管，私人投资额也快速增加。在政府对监管的重视、法律对会计服务质量要求的提高以及重建市场信心的需要等多种因素的推动下，为了提供更高质量的服务，更好地维护公众利益，1936 年，美国会计师协会与 1921 年成立的美国注册会计师公会进行了合并，重新组建了新的美国会计师协会，拟对会计职业道德准则进行一系列的重要修订。1939 年，美国证券交易委员会提出，在职业道德委员会调查或惩戒成员行为时，其有主动提出建议的权力。作为对政府干预的反应，也为了维护并改善注册会计师职业的地位，美国会计师协会理事会在 1940 年授权所属职业道德委员会调查任何可能引发会员违反道德准则的行为事项。

从 20 世纪 50 年代开始，世界各国金融市场的联系日益紧密，福特、雀巢、可口可乐等大型跨国公司不断涌现，经济的繁荣加快了证券交易所建立的步伐，吸引了大量的机构投资者。随着社会期望的提高，保护公众投资者的利益成为注册会计师首要的任务，会计职业界也成为公众关注的焦点。由于公众希望注册会计师提供高质量服务以保护其利益的诉求迫切且强烈，而会计职业界又恪守传统的职业道德准则，没有及时调整与公众对会计服务质量需求的约定，因此进入 20 世纪 60 年代后，美国注册会计师开始面临越来越多的法律诉讼，会计师行业迎来了"诉讼风暴"。为了缩小期望差距，美国会计师协会在 1956 年重新审查了已发布的道德准则内容，将工作重点转到以前没有注意或强调过的道德问题上来，并开始把相关内容以职业道德规范的形式发布。同时，与注册会计师有关的法律法规也通过判决等方式不断调整并扩大会计师所承担的法律责任范围。这表明，以前有关会计服务质量的合约已经无法满足法律及外部利益者的需求，道德准则应一改以往被动、消极的方式，通过主动、积极的方式及时满足社会公众的期望，减少外部质疑，降低会计师面临的法律风险。

对此，美国注册会计师协会于 1967 年委托准则重述特别委员会对当时的职业道德准则进行了详细的检查。在对其中存在的诸多问题（如关键词缺乏规范的定义、解释过于混乱以及未将最新的技术发展及企业组织形式等考虑进去）进行完善修正后，经过理事会讨论及投票表决，该职业道德准则于 1973 年 3 月 1 日正式生效。修订后的准则主要包括职业道德概念、行为规则和行为规则解释三部分。为了进一步明确行为规则及解释在不同执业环境下的具体应用情况，准则重述特别委员会在 1977 年又将与"职业道德裁决"相关的部分追加进去，使得会计职业道德准则内容更为全面。相比之前发布的禁止性道德准则内容，1973 年的准则首次使用非强制性的方式阐述了职业道德的概念并提出了注册会计师应实现的目标，随后通过构建概念、行为规则、行为规则解释和职业道德裁决四个部分，使得准则具备较为成熟完整且前后逻辑一致的结构体系。到了 20 世纪 70 年代后期，针对注册会计师的法律诉讼逐渐减少，其中 1973 年发布的职业道德准则对会计师行为的约束和规范作用功不可没。时至今日，美国注册会计师职业道德准则仍在沿用这一版的体系框架，世界其他国家也以此为参考，借鉴并制定了适合各国自己的道德准则体系。可以说，1973 年发布的准则标志着会计职业道德规范的发展步入了正轨。

三 职业道德的发展

进入 20 世纪 80 年代以来，注册会计师的执业环境发生了巨大变化，无论是公众期望、政府干预度还是利益关联度相比以往都有所增加。作为决定会计信息质量的重要因素，有关具体业务技术处理方面的会计准则变迁速度逐渐加快，而关于服务过程中与各方利益当事人交互行为方面的道德准则，却由于种种原因仍旧遵循着传统的合约内容，不仅存在时滞性，也缺乏前瞻性，外界需求无法满足导致期望差距逐渐拉大，会计行业的公信力受到了来自各方的严厉抨击和质疑。为了及时跟进社会经济和法律监管等方面的最新变化，对现有职业道德准则体系进行全方位的评价，从而为未来的准则制定工作提供指导和建议，美国注册会计师协会在 1983 年 10 月成立了注册会计师职业行为特别委员会。经过三年的调查研究，注册会计师职业行为特别委员会发布了《公众期望差距》报告，提出虽然自发布《科恩报告》以来，审计准则也进行了一系列重要变革，但是该委员会在报告中所能保证的审计责任程度无法满足公众的期望。为了促进会计职业的发展，必须进行充分的理论研究，而要完善有关注册会计师行为准则这份合约，当前的准则制定也需要更大的灵活性，而不是以往针对具体事件发生后采用救火式的应对方式，导致准则研究一直处于被动状态，落后于实务的发展和现实的需求。在 1986 年 7 月发布的《适应环境变化，重构职业行为准则，促进职业完善》的报告中，注册会计师职业行为特别委员会从四个方面提出了建议：一是将重构的职业道德准则分为新的职业标准和修正后的标准两部分，二是为会计从业者提供行为指南，三是建立一个系统化的监督从业行为的新方案，四是建立强制性的后续职业教育计划。根据上述建议，美国注册会计师协会在 1988 年将"职业道德准则"更名为"职业行为守则"，随后 1992 年，协会又在当前职业行为守则的原则和规则两部分构成的基础上，增加了有关独立性、佣金收费等内容的其他指导。守则的构成体系更加完善，内容也更加详细。

就其内涵而言，会计职业道德准则的实施主要依靠传统习惯、社会舆论和个人信仰来保证，而这些都要通过会计师个人的内心予以显现，进而反映在具体的职业行为活动中。从这个角度讲，职业道德准则具有自律性的特点。随着现代企业股权日趋分散，委托代理关系日益复杂，公众利益关联面越来越广，利益关联度也越来越高，政府干预和介入的频率日益增加，这些因素对职业道德准则合约的影响逐步增大，职业道德准则逐渐呈现出强制性变化的趋势。由于法律与道德具有同一属性，彼此相互联系，加之在某些问题上法律法规与道德规范的调控范围有所重叠而且相互融合，因此职业道德准则从以往会计职业协会的自我惩戒逐渐演变为自我惩戒与外部管制相结合的准法律的管理方式，更多地呈现出他律性的特点。作为职业会计师与社会公众签署的一份关于会计职业服务质量的隐性的公共合约（韩洪灵和陈汉文，2007），执业环境的变化使得会计师从事的业务范围、业务内容及业务依据也在不断更新演化，这必然导致会计职业道德或者说是会计职业行为守则也一定会随之发生改变。

第四章　会计师职业道德守则的理论基础

一　委托代理理论

针对"人格化"厂商忽略企业内部信息不对称和激励的问题，美国经济学家伯利（Berle）和米恩斯（Means）指出企业所有者兼经营者的运作方式存在极大的弊端。根据对美国 200 家大型公司的分析发现，占公司总数量 44%、全部财产 58% 的企业是由未握有公司股权的经理人员控制的，由此两位学者认为，现代公司的发展已经发生了"所有权与控制权"的分离，并提出了委托代理理论（Principal-agent Theory）。作为契约理论发展过程中最重要的内容之一，委托代理理论主张企业的所有权和经营权相分离，保留所有者剩余索取权的同时让渡企业的经营权。委托代理关系本质上是契约关系，双方的权利和义务会在正式合约中明确界定。尽管如此，由于委托人和代理人目标函数的不一致，两者之间存在利益冲突。第一类存在于股东与管理层之间：股东作为企业的所有者，委托管理层经营管理企业，希望以最小的管理成本实现股东财富的最大化；而管理层作为代理人，其工作的价值最终是由全体股东分享，因此目标是在增加股东财富的同时自身获得报酬奖励、在职消费等更多的个人利益。第二类存在于大股东和中小股东之间：由于大股东持有企业较多股份，能够影响股东大会和董事会决议，对企业的决策权和管理层的选择起着决定性作用，因此大股东会通过关联交易、不合理的政策、披露虚假信息或者占用巨额资金等方式侵占中小股东的利益。第三类存在于股东和债权人之间：企业在获得债权人的资金后，股东在实现其财富最大化的目标过程中就会和债权人的利益产生矛盾。实际上，维系组织机构委托代理关系的一个基本要求就是应明确界定、切实履行甚至解除委托代理双方之间受托责任（accountability）。这一受托责任关系可以由法律、合同、组织机构规则、风俗习惯甚至口头合约而产生，公司则对其股东、债权人、职员、客户、政府或相关组织以及公众等承担受托责任。在公司内部，部门员工对部门经理负有受托责任，而部门经理则对上一级的负责人承担受托责任。随着现代经济的快速发展，企业的受托责任关系网络也日趋复杂化、多元化。就这一意义而言，说今天的社会是建立在一个巨大的受托责任网络之上也毫不过分。为了缓解不同的利益冲突和信息不对称程度，委托人会通过实施股票期权制、完善治理结构、设置限定性条款等最优契约方式激励并监督代理人行为。其中，作为委托人和代理人信息沟通的渠道，会计信息自然成为各方当事人订立契约的基础之一，这也是监督和评估契约执行有效性的重要手段。高质量的信息披露可以使所有者更好地监督企业经营情况，对经营者的业绩做出合理评价，约束管理层偏离股东价值最大化的自利行为、降低代理成本（杜兴强和周泽将，2009），从而可以有效缓解信息问题与代理问题（魏明海等，2007）。作为财务报告供应链上的关键主体，专业会计人员担负着向管理当局及其他利益相关者报告受托责任履行情况和决策有用性信息的重要任务。管理会计师借助预算和控制等方式确定并逐层分解受托责任目标，财务会计人员对受托责任的履行完成情况定期编制责任报告，内部审计师对信息进行独立性的自我评价，注册会计师对出具的报告进行再次查验和重新判定。会计师所提供的信息在解决逆向选择、道德风险等代理问题中的重要性不言而喻。

二　财务舞弊理论

财务舞弊是导致会计信息失真的主要原因。有关企业财务舞弊行为研究的理论基础主要有以下四种：GONE 理论、风险因子理论、冰山理论和舞弊三角论。

（一）GONE 理论

GONE 理论是对舞弊动因分析极具代表性的方法之一，于 1993 年由美国的 G. 杰克·波罗格纳（G. Jack Bologna）和加拿大的罗伯特·J. 林德奎斯特（Robert J. Lindquist）提出。GONE 分别代表贪婪（G，Greed）、机会（O，Opportunity）、需要（N，Need）和暴露（E，Exposure），这是决定舞弊行为是否会发生的四个条件，即舞弊实施者在十分贪婪且又需要钱财的时候，只要有机会，并认为事后不会被发现，那么就一定会进行舞弊。其中，贪婪是心理需求或欲望，需要是舞弊动机或目的，机会给舞弊行为带来了内部操作的可行性和实施条件，暴露则根据外部环境来判断舞弊行为被发现的处罚成本和代价。

（二）风险因子理论

以 GONE 理论为基础，G. Jack Bologna 和 Robert J. Lindquist 在 1995 年又对其中的内容进行了延展。根据是否能够被组织环境所控制，该理论将舞弊风险因子分为个别风险因子和一般风险因子两大类。其中，个别风险因子是存在个体差异且超出组织控制范围的因素，如道德品质和舞弊动机；一般风险因子是那些能被组织环境控制的因素，如舞弊机会、被发现的可能性及惩罚的程度。从与 GONE 理论的关系上看，风险因子理论中道德品质对应的是贪婪，舞弊动机对应的是需要，舞弊机会对应的是机会，被发现的可能性及惩罚程度则对应了暴露。因此，风险因子理论是对 GONE 理论的进一步总结归纳。

（三）冰山理论

1999 年，G. Jack Bologna 和 Robert J. Lindquist 又提出了冰山理论。他们将舞弊比作一座冰山，根据舞弊的结构和行为不同，将其分为海平面以上和海平面以下两部分。海平面以上容易被察觉的部分是舞弊发生的表层原因，包括企业治理、经营和财务状况等涉及舞弊结构方面的因素；海平面以下难以被发现的部分是舞弊发生的深层次或根本原因，包括诚信水平、道德观念、欲望以及贪婪等舞弊主体行为方面的因素。

（四）舞弊三角论

作为舞弊动因分析应用最多也是最广泛的理论，舞弊三角论最早由内部审计之父劳伦斯·索耶提出，他认为舞弊的产生必须同时满足异常需要、机会和合乎情理三个条件。随后，美国注册舞弊审计师协会创始人 W. 史蒂文·阿伯雷齐特（W. Steven Albrecht）在此基础上进行了提炼，于 1995 年提出了舞弊三角论（三因素理论），将舞弊产生的因素总结为压力、机会和借口，这也是美国舞弊审计准则（SAS No. 99）提醒注册会计师应关注的舞弊产生的主要条件。压力是促使实施主体产生舞弊需求的因素，通常来自内部或外部过高的期望，包括经济压力、工作压力和其他压力等；机会是顺利实施舞弊行为且不被发现的外在环境和条件，使得舞弊需求的实现成为可能，包括缺乏发现舞弊行为的内部控制、无法判断工作质量、缺乏惩罚措施和审计制度不健全等；借口是为舞弊行为提供合理化的理由，具体标准与道德行为品质有着极为密切的关系，在歪曲道德观念和行为准则的情况下，舞弊实施者会为自己的行为找到适当的理由。

三 不完全契约理论

1937 年，新制度经济学创始人罗纳德·H. 科斯（Ronald H. Coase）将社会契约理论引入了企业领域，开创了企业契约理论（Contractual Theory of the Firm）。契约是双方当事人在签约时预期在契约到期日能够兑现的一组承诺的集合，具体到企业组织而言，主要包括企业的契约性、契约的不完备性及由此引发的所有权的重要性。契约的不完备性以及信息不对称性的存在，导致了企业的剩余索取权和剩余控制权，两者的分化对立进而形成了企业制度。事实上，在讨论契约的不完备性问题时，与前文介绍的委托代理关系几乎可以理解为同一个意思。委托代理理论最终目的就是分析信息不对称背景下契约执行中的激励问题，而最优激励机制实际上也就是使得企业剩余索取权和剩余控制权能够在最大程度上相匹配的机制。要建立这样一个机制，最重要的一个环节就是要构建委托人和代理人之间合理的信息渠道，进行及时有效的信息交流与沟通。契约的有效履行需要对利益相关者的参与方式、参与程度、贡献大小和履约情况等进行了解和反映，就需要具有核算和监督功能的会计职业介入（Sunder，1997），这也正是现代会计的意义所在。这一点在现代资本市场的快速发展、资产日益证券化和经济全球化的进程中表现得淋漓尽致。作为市场经济活动的一个重要领域，会计职业主要是提供有关各方受托责任履行情况的相关信息并对其可靠性、有用性等信息质量特征予以鉴证。由于会计所提供的服务质量会直接影响企业投资者、债权人、客户及雇员等一系列的社会公众利益，进而影响整个资本市场的经济秩序，因此会计服务质量至关重要，会计师在信息披露和鉴证这一财务报告供给链上扮演着极为重要的角色。随着经济社会中利益关联度的不断提高和范围的持续扩大，人与人之间的利益呈现出千丝万缕的联系，相互之间的交往也逐渐由身份关系过渡到契约关系，血缘和地缘交往的边界被打破，社会关系从地方性场景"脱离"，在无限的时空中"重组"（郑也夫，2001），人与人之间的关系从以往的"人格"信任转换到以正式或非正式制度体现出来的"系统"信任（陈汉文和韩洪灵，2005）。会计或审计服务作为具有可预见性、可依靠性和值得信赖的交往媒介，借助将人格信任转变为系统信任，确保了陌生人之间承诺的可信性和可合理预期性（Luhmann，1997）。在对服务质量的要求、具体种类、完成时间、交易金额等加以约定的过程中，有关该服务的履行和程序等客观的、有形的技术方面的要求可以通过会计或审计准则和制度等明确的条款来实现，而有关双方当事人职业判断等主观的、无形的这种交互行为的非技术方面的要求就需要通过职业道德予以规范。理想的或者标准的契约理论假设契约是完全的，即承诺包含了双方在未来预期的事情发生时所涉及的所有权利和义务。实际上，由于人是有限理性的，不可能也无法预测到未来所有可能的情况，而且未来在本质上是不确定的，特别是当前的选择又基于未来的预期，即便预见到也没法写进契约里，因而使得现在与将来之间存在一种内在的随机性，契约注定是不完全的。为了在最大程度上降低由契约的不完全性所引致的效率损失，哈佛教授奥利弗·哈特（Oliver Hart）提出了不完全契约理论。不完全契约理论以合约的不完备性为研究起点，认为人们的有限理性、信息的不完全性和交易事项的不确定性，使得拟定完全契约是不可能实现的，因此不完全契约在社会中是必然存在的。泰罗尔（Tirole，1999）将契约的不完全性归于以下几种因素引发的交易成本：不可预见的可能性、签订契约的成本、实施契约的成本和再磋商。作为决定会计服务质量的关键因素之一，无论从交易成本还是从不完全契约存在的合理性角度来看，职业道德亦是一类不完全契约。

四　社会责任理论

在委托代理关系中，会计的社会责任就是维护委托人的经济利益。作为对委托代理理论的补充和发展，利益相关者理论将受益人的范围逐步扩大到企业雇员、客户、供应商和政府部门等。与此同时，不断有学者把社会契约理论运用于现代企业问题的研究，通过借鉴社会契约的理论思想，从企业与社会之间契约关系的角度来分析企业的社会责任。1982 年，托马斯·唐纳森（Thomas Donaldson）首先援引社会契约理论用于解释公司的社会责任问题，认为企业社会契约的主体是企业和社会，并且二者之间的契约关系处于不断变化过程中。20 世纪 80 年代以来，社会契约理论的研究成果日益丰富，成为企业伦理的主要规范理论之一。以知名经济学家弗里德曼（Friedman，1970）为代表的主流经济学家认为，企业有且只有一种社会责任，即在公开的、自由的、没有诡计和欺诈的竞争游戏规则范围内，为增加利润而运用资源开展一系列活动。简单地讲，企业社会责任就是"在法律或者伦理习俗的社会基本规则下实现利润最大化"。虽然上述说法存在缺陷，但这也是关于企业社会责任最为传统的观点。除此之外，目前有关企业社会责任（Corporate Social Responsibility，CSR）方面较有代表性的观点有两种，分别是并列观和层次观。并列观以美国学者布鲁梅尔（Brummer）为代表，他将社会责任作为企业责任的一个组成部分，认为企业责任可划分为经济责任、法律责任、道德责任和社会责任四种，其中道德责任则是指企业应履行并遵守道德规范的相关责任。层次观包括

"金字塔"和"三重底线"两种概念。1979年，美国佐治亚大学教授阿奇·B. 卡罗尔（Archie B. Carroll）提出了"金字塔"概念，这是目前认可接受度最高也是最为常见的企业社会责任概念。由于社会责任的各结构成分与商业社会关系的四个不同层面密切相关，因此这一概念也被称为"四责任理论"。卡罗尔教授认为，企业的社会责任是在特定时期，社会对企业所寄予的经济、法律、伦理和企业自行裁量（慈善）的期望。首先，最基本的经济责任虽然不是唯一责任，但是反映了企业作为营利性经济组织的本质属性，也是企业最为重要的社会责任；其次，作为社会的一个重要组成部分，企业被赋予担负相应的生产任务以及为社会提供各类产品和服务的权力，当然在追求利润的过程中企业并非不受任何限制，基本的前提要求就是必须在法律允许的框架内实现盈利目标，因此，企业的法律责任应运而生；再次，尽管上述企业的经济和法律责任中都隐含着一定的伦理要求，但是社会公众仍期望企业能够遵守那些尚未包括在法律范围内但属于社会公认的道德规范；最后，社会通常还对企业寄予了一些没有或无法明确表达的期望，包括慈善捐赠等在内的这一类自愿行为就是企业的自行裁量责任，是否需要承担这类责任或具体应该承担什么样的责任均由企业或个人自行选择判断，实施与否完全取决于执行主体的意愿。从考虑的先后次序及重要性出发，卡罗尔认为上述责任依次构成了金字塔结构，经济责任是基础性的也是占比最大的部分，法律责任、伦理责任以及自行裁量责任依次向上递减，四种责任共同构成了完整的企业社会责任。1980年，英国学者约翰·埃尔金顿（John Elkington）提出了"三重底线"的概念，随后其在1997年出版的《拿叉子的野人：二十一世纪企业的三重底线》（*Cannibals with Forks：The Triple Bottom Line of 21st Century Business*）一书中，对三重底线又进行了详细阐述，强调企业除了对其盈利能力这一经济底线进行合理关注外，还应当注重与企业生存密切相关的社会公正因素和环境因素，即企业的社会底线与环境底线。三重底线给企业划定了一个范围，要求其必须权衡各方面利弊，充分考虑顾客、雇员、商业合作伙伴、社区及政府等所有责任对象的需求，减少有关活动可能带来的危害，尽可能创造经济、社会和环境价值。因此，从企业履行或承担的社会责任来看，无论是并列观还是层次观，都认为企业应当遵守社会规范和道德要求，保障弱势群体及利益相关者的权益等。

五 制度变迁理论

制度是为了防止机会主义行为的发生而缔结的契约，制度因素在经济增长中具有重要作用。20 世纪 70 年代前后，美国经济学家道格拉斯·C. 诺思（Douglass C. North，2014）把制度因素纳入经济增长的解释因素中，提出了制度变迁理论（Institution Change Theory），并将其解释为"一系列被制定出来的规则、服从程序和道德、伦理的行为规范"。作为管束特定行动模型和关系的一套行为规则，制度安排可以是正式的，也可以是不正式的（林毅夫，1994）。其中，正式制度包括法律法规、政策规章等，相反，职业道德、价值观念、意识形态、宗教习俗等属于非正式制度。无论是正式制度还是非正式制度，都会随着企业内外部环境的变化而进行调整。作为一种效益更高的制度对另一种制度的替代过程，制度变迁通常表现为制度由非均衡状态到新的均衡状态的变化。所谓制度均衡，就是行为主体对既定制度安排和制度结构的一种满足状态或满意状态。在这种制度状态下，行为主体自愿接受这种规则，有助于实现社会的稳定与发展。可以说，制度变迁实际上是对制度非均衡的一种反映。在实际的经济活动中，包括宪法秩序、制度设计与实施成本、路径依赖、规范性行为准则、技术进步、要素和产品相对价格的长期变动、其他制度安排的变迁、市场规模、偏好的变化以及偶然事件等在内的多个因素会从供给和需求方面创新并打破原有的制度框架，引发制度变迁。制度的创立、变更及随着时间变化而被打破的方式就是制度变迁。作为构成社会进步和经济发展的重要组成部分，制度变迁就本质上来说是一种制度的重构和安排，它通过影响法律或产权变迁的体制机制，改变了经济单位及各成员之间合作竞争的方式。

制度变迁的方式不是线性单一的，学者们从多个角度对变迁的方式进行了划分。根据变迁的方式或速度不同，诺思将其分为渐进式变迁和突破式变迁。渐进式变迁是指变迁的路径相对平稳，没有引起较大的社会震荡，新、旧制度之间的轨迹平滑、衔接较好的变迁方式，更强调人的有限理性和制度的适应性；相对于渐进式变迁而言，突破式变迁是指在短期内不顾及各种关系协调，通过采取激进的方式或果断的措施强制性废除或破坏旧制度而实施新制度的变迁方式，强调的是原有体制内部各项制度之间相互依存或共生互动的关系。相比突破式变迁下快速的、一步到位的质变，渐进式变迁是一种只有量变没有质变的平稳的、连续的温和变迁方式。作为社会中非正式约束嵌入的结果，制度变迁一般是渐进的，而非不连续的（诺思，2014）。根据推动制度变迁的力量不同，科斯等（2014）又将其分为"第一行动集团"和"第二行动集团"两个决策主体。进一步地，根据充当第一行动集团的经济主体的不同，可以把制度变迁分为"自上而下"的制度变迁和"自下而上"的制度变迁。在两类变迁类型中，前者是指由国家或政府充当第一行动集团，以政府命令或法律形式引入和实行的制度变迁，又称为强制性制度变迁，其优势在于能以最短的时间和最快的速度推进制度变迁，通过自身的强制力优势降低制度变迁的成本；后者是以一致性同意原则和经济原则为依据，由个人或一群人，或者一个团体，受新制度获利机会的引诱，为确立能导致自身利益最大化的制度安排而自发组织实施的制度变迁，因而又称为诱致性制度变迁（Ruttan，1978）。通常情况下，诱致性制度变迁必须以强制性制度变迁作为补充，强制性和诱致性两类制度变迁呈现出相互补充、相互依赖的关系。

在不同领域和制度范畴中，制度变迁的方式和推动力量往往存在很大差异。例如，经济领域的制度变迁一般从非正式制度开始，逐渐扩大扩散，最后作为正式制度被认可（Tsai，2006；林毅夫，1994），因而"诱致性制度变迁"或者"适应性非正式制度变迁"往往是主导模式。作为影响主观价值判断、约束人们特定行为、调节人与人之间关系的规范，职业道德是在人类长期的社会生活中逐步形成的，根据实际的工作经验演化提炼而来的需要人们共同恪守的行为准则，其执行与否以及实施效果完全出自个人意愿，具有自发性、非强制性、广泛性等特点。由于产生的前提条件、形成过程、结构内容、范围要求、执行主体和评价标准等与法律均有所不同，特别是对于违背职业道德行为施加的惩罚措施无法通过有组织的方式予以定义或实现，具有非正式性，因此我们认为职业道德守则是一种非正式的制度安排，在渐进式的演化过程中，呈现出以诱致性制度变迁为主、强制性制度变迁为辅的特点。

第五章 美国会计师职业道德准则变迁分析

作为两个最权威也是最主要的全国性会计职业组织机构，美国管理会计师协会（Institute of Management Accountants，IMA）和美国注册会计师协会（AICPA）分别制定并发布管理会计师和注册会计师的道德行为准则。美国管理会计师协会在发布的《管理会计和财务管理从业人员道德行为准则》（Standards of Ethical Conduct for Practitioners of Management Accounting and Financial Management）中明确提出管理会计和财务管理从业人员应遵循专业胜任能力、保密、诚信和客观性四个方面的要求（R. F. Duska & B. S. Duska，2005），具体如表5-1所示。

表5-1 美国《管理会计和财务管理从业人员道德行为准则》主要原则要求

《管理会计和财务管理从业人员道德行为准则》	专业胜任能力（competence）	①不断提升自己的知识和技能以保持适当水平的职业能力； ②按照相关的法律、规则、技术标准履行职业责任； ③在对可靠的相关信息进行分析后，提出完整、清晰的报告和建议
	保密（confidentiality）	①在未经授权时，不能披露在工作过程中获得的保密信息，除非法律要求这样做； ②提醒其下级合理关注在他们的工作过程中获得的保密信息，并应对他们的活动进行监督以确保保密性的维持； ③禁止个人或通过第三方利用在工作中获得的保密信息获取不道德的或非法的利益

续表

《管理会计和财务管理从业人员道德行为准则》	诚信（integrity）	①避免实际的或形式上的利益冲突，并将所有潜在的冲突告知相关各方； ②禁止从事任何可能妨碍其合乎道德的履行工作职责的活动； ③禁止接受任何可能影响或被认为会影响其行为的礼物、馈赠和宴请； ④禁止任何主动或被动地妨碍组织合法和合乎道德的目标实现的活动； ⑤确认并传达妨碍负责任的判断或成功履行职责的职业局限和其他限制； ⑥传递不利和有利的信息，以及职业判断或观点； ⑦禁止从事或支持任何有损职业信誉的活动
	客观性（objectivity）	①客观公正地传达信息； ②应充分披露对有益使用者理解所提供的报告、评价和建议会产生可以合理预期影响的信息

注：按照国际会计师联合会对会计师的划分标准，本书主要关注工商业界职业会计师和执业的职业会计师的道德行为。管理会计师虽然也属于工商业界职业会计师的一部分，但是作为企业内部管理的重要环节，管理会计师的主要职责是进行预测和决策分析以及进行成本管理和控制等，无论从业务量占比还是从重要性来看，其地位都不及负责对外报告的财务会计。因此，这里仅对管理会计师的职业道德做简单介绍，不再展开详述。

除此之外，美国注册会计师协会有自己的职业行为准则，这也是美国唯一适用于国家层面会计师的道德准则（Jenkins et al.，2018；West，2018b；Spalding & Lawrie，2019）。如前文所述，19 世纪末 20 世纪初会计行业从业人数的剧增导致传统方式下以抽象的职业道德观念约束会计师行为的方式逐渐失效，因此有必要建立正式的组织机构来专门研究并制定会计师职业道德标准。1906年，美国公共会计师协会（American Association of Public Accountants，AAPA）在内部成立了正式的职业道德委员会。1907 年，美国公共会计师协会正式发布了世界上第一份以"职业道德"命名的成文的职业道德标准。1917 年，美国会计师协会（American Institute of Accountants，AIA）成立，取代了原有的美国公共会计师协会，并认为会计师对公众的责任是至高无上的（Dellaportas & Davenport，2008），以至于不遵守这一准则就可能妨碍会计作为一种职业得到普遍的认可（Nau，1924）。美国会计师协会成立后，被全体成员赋予了进一步加强制定和实施会计师职业道德准则的权力，正式授权职业道德委员会考核和评价会员遵循道德标准的情况。

一　首次发布较为全面的准则

1917 年，美国会计师协会发布了第一份较为全面的职业道德标准。相比1907 年发布的职业道德标准，除了原有的"除会员外的人使用 AAPA 会员的身份"、"与外行分享专业收费"、"不相容工作"、"未经 AAPA 会员适当的介入或监督而证明会计工作"及"在商业广告中，会员使用注册会计师或类似的公共会计师名称，或准许任何组织使用这样的名称，除非所提到的名称由国家法律授权"规则外，这份文件在原有基础上新增加了"不得故意对严重失实或严重漏记的财务报表进行证明"、"不得不通知协会就参与制定和修改会对会计实务产生影响的规定"和"不得恳求委托人，或影响其他协会会员的业务"三条内容，行为规则由之前的五项增加到了八项。由于当时的社会经济发展程度并未对注册会计师提供的服务质量提出过高要求，公众利益的诉求也没有引起政府和有关监管部门的重视，加上规则针对的情况也只是当时经常发生或已经出现的问题，因此这份标准虽然相对全面，但是实际作用和实施效果相对有限。现在看来，当时发布实施的八条规则也就是相当于现在职业道德准则中其他责任和惯例部分的内容，但是这份道德标准为后续的职业道德合约重签奠定了重要的基础。

二　政府推动下的准则变迁

1929～1939 年的经济大萧条使得会计职业界和政府一致认为，导致股票市场崩溃的主要根源在于道德和治理方面存在漏洞和缺陷，并出于投资者保护的角度制定了旨在补救这些缺陷的法律，如 1933 年的《证券法》和《格拉斯-斯蒂格尔法案》、1934 年的《证券交易法》和 1940 年的《投资顾问法案》等，特别是《证券法》和《证券交易法》标志着美国注册会计师行业内部和外部双重监管制度的确立。实际上自《证券法》发布以来，会计职业界一直在寻求其在社会中的基本监管职能是否合理的证明，这一点在比弗（2009）财务报告革命的描述结果中也有所体现，即 20 世纪 60 年代金融经济学的崛起改变了会计的"根源隐喻"（Brown，1989；Ravenscroft & Williams，2009），会计的关注点由提供一个以事实为重点的账户式审查问责制转移到了信息方面（Mattessich，2007；Ravenscroft & Williams，2009）。此后，道德准则的变迁更多地呈现政府催生的性质，相关内容也主要是根据政府出台的政策或精神来修订。法律对注册会计师服务质量要求的提高，引发了公众对注册会计师服务质量的抨击。为了应对这些压力，以强有力的姿态掌握准则制定的话语权，美国注册会计师公会与美国会计师协会在 1936 年进行了合并，新的美国会计师协会成立。为了提高会计师服务质量以及更好地维护社会公众利益，美国会计师协会对职业道德准则进行了重大的修订。1940 年，美国会计师协会发布了新的职业道德准则，要求会计师在提供专业服务时要保持独立和客观，同时将已有的八项规则扩充到了十五项规则。不难看出，此次准则修订是在政府主导和干预下进行的，同时受到利益关联度的提高和公众要求高质量服务的共同推动而重新签订了一份职业服务质量契约，政府管制在其中起到了显著的引领作用。由于此次内容变化幅度较大，在随后的 20 年里，除了 1956～1962 年对协会会员与客户和公众的关系、技术标准、营销惯例、操作实务和协会会员之间的关系这些以前未曾特别强调过的职业道德内容进行修订外，美国会计师协会及有关机构几乎没有对职业道德准则进行任何实质性的调整和完善。

三 构建完整的框架体系

20 世纪 60 年代，跨国公司呈现强劲的发展势头，资本市场的国际化水平快速提升，大型的证券交易所和机构投资者的出现再次引发了对公众利益的高度关注。利益关联度的极大提高导致公众要求注册会计师提供高质量的专业服务从而保护其利益的需求变得极为迫切。注册会计师再次面临着提供高质量的会计信息和多元化服务的需求，其作用也变得日益复杂。而之前近 20 年间道德准则长期的固守不变与社会普遍要求注册会计师提供高质量的服务以保护其利益的强烈意愿形成鲜明对比，使得注册会计师未能及时调整其服务行为来满足公众的需求。随着这一矛盾的不断激化，20 世纪 70 年代，会计师行业迎来了"诉讼爆炸"，已有的道德准则不再符合也无法满足社会需求，人们对于会计职业界是否能够有效地保护投资者和社会公众的利益产生了较大的期望差距。对此，美国注册会计师协会下属准则重述特别委员会认为有必要对职业道德准则进行全面的修订。

经过广泛调查后，准则重述特别委员会在 1972 年 5 月提交了修订后的职业道德准则，并于 1973 年 3 月正式生效。新修订的准则由三部分构成：（1）职业道德的概念（concepts of professional ethics），具体包括独立性、正直与客观性，一般标准和技术标准，对客户的责任，对同行（事）的责任以及其他责任和活动五个方面；（2）行为规则（rules of conduct），由第一部分的概念推导而来，基本沿用了原有的十五项具体规则；（3）对规则的解释（interpretation for rules），主要是对第二部分行为规则中的具体阐述，通常是对那些被认为是违反独立性规则的行为方式的描述。后续几年间，准则重述特别委员会还增加了职业道德裁决（ethics rulings），这部分内容是美国注册会计师协会对会员就各种道德问题提出的意见，概括性地对特殊情形下行为规则和解释的运用进行了说明。当然，这些解释和裁决都不代表可执行或可实施的标准。

可以说，1973 年发布的这版道德准则不管是对美国还是对世界范围内的职业道德准则的体系构建都起到了里程碑式的作用。首先，它系统地搭建了一个极具逻辑性的规范体系，从基本的职业道德概念到行为规则、行为规则解释再到道德裁决，由之前禁止性合约条款的平行列示发展为立体式的空间架构，各部分内容之间前后连贯、层层递进，共同构成了职业道德规范的完整体系，形成了对注册会计师行为严密的控制。在业务交易日趋复杂的执业环境中，该准则对注册会计师的道德行为起到了有效的监督和控制作用，最有力的说明就是整个 20 世纪 70 年代美国对注册会计师的诉讼案件比 60 年代大幅下降。其次，与以往禁止性的规定相比，这一版准则首次提出了肯定性的或高标准性质的原则（职业道德概念），清晰地表述并提出了注册会计师应达到或实现的目标，充分体现出整个行业对提供高质量的专业服务和保护公众利益所做的承诺以及服务于投资者的职业形象。最后，具有深远的历史意义和重大的国际影响，后续美国及国际会计师联合会制定的会计职业道德准则虽然进行了部分改动，但几乎都沿用了这个框架体系。

四　全面修正行为守则内容

（一）以规则导向为制定基础阶段

在过去 20 年中，美国会计行业公信力大幅下降，人们对美国会计行业的诚信提出了质疑（Wyatt，2004），甚至引发了社会如何看待全球会计行业的问题（Carnegie & Napier，2010）。与此同时，美国资本市场的快速发展使得注册会计师的执业和监管环境也发生了变化，加之在罗森布勒姆公司对阿德勒的诉讼案中法庭的最终判决使得注册会计师应承担的过失责任扩大到了可预见的第三方，因此，公众对注册会计师提供高质量的服务以保护其利益的期望比以往任何时期都要高。基于以上考虑，美国注册会计师协会在 1983 年成立了注册会计师职业行为特别委员会，即安德森委员会（The Anderson Committee），主要职责就是根据不断变化的执业和监管环境，全面评估当前职业道德准则的有效性和相关性，从而为今后应该采取的措施提出建议。1988 年，根据安德森委员会发布的《公众期望差距》及最终调查报告《在日益变化的环境中重构职业行为准则以促进职业完善》提出的建议（如科恩委员会在报告中所保证的审计责任程度尚未满足公众的期望等），美国注册会计师协会将原有的"职业道德准则"更名为"职业行为守则"，在已有的框架基础上将第一部分"职业道德概念"改为"职业行为原则"，并同时对职业道德准则内容进行了全面修订。修订后的职业行为守则由职业行为原则（principle of professional conduct）、职业行为规则（rule of professional conduct）、行为规则解释（interpretation of rules of conduct）和职业道德裁决（ethics rulings）四部分构成。其中，职业行为原则主要描述成员的理想行为标准或应该达到的目标，包括独立性、诚信和客观公正、通用标准、遵守准则和会计原则、保密、或有收费、有损名誉的行为、广告和其他形式的招揽、佣金和手续费以及组织的形式和名称等，是不可执行的；职业行为规则是可执行的标准，描述了成员期望的最低行为水平或要求；行为规则解释和职业道德裁决则阐释了职业道德行为存在的共性问题和特殊情况。这四部分共同为注册会计师最低的可行性行为标准做出了详细规定。至此，以规则导向为制定基础（rule-based）的注册会计师职业行为守则已初步成型。

（二） 以原则导向为制定基础阶段

由于规则导向下的美国会计师职业行为守则在很大程度上依赖现有客户、前客户和其他会计师提出的申诉，缺少第三方或者一个全面的系统或标准来评估会计师是否遵守了职业行为守则，因此这不仅极大地削弱了准则在改变会计师职业行为方面的有效性，也剥夺了社会公众在获取美国注册会计师协会成员是否遵守职业行为守则方面信息的知情权，因此受到了各方的批评。事实上，自 1972 年以来，美国职业行为守则已经在序言部分对原则进行了表述性的强调，但美国注册会计师协会的章程明确规定，在调查或惩戒违反职业行为守则的成员时，只需考虑守则中的实际规则要求（AICPA，1988）。正如美国注册会计师协会审计标准委员会所指出的，传统上美国职业行为守则也确实一直将其自身局限于基于规则的职业道德标准制定方法中（Spalding & Oddo，2011），这从协会 1917 年发布的第一批职业行为准则（八项准则清单）开始情况就是如此。为了适应日益变化的商业环境和组织结构，减少对没有特别禁止的行为方式的无效争论，从 1989 年起，美国注册会计师协会就把以原则为基础的内容纳入职业行为守则中，逐步实现了从"基于规则的"到"基于原则的"道德准则的转变（Spalding & Lawrie，2019）。之后从 1992 年开始，美国注册会计师协会以独立性为中心，以维护公众利益、降低会计师执业风险为目标，对职业行为守则内容进行了多次修订。这一点在 Jenkins 等（2018）的研究中得到了证实，即美国会计师职业行为守则确实在很大程度上是为了捍卫公共利益而强制实施的。当然，也有部分学者质疑美国职业行为守则制定过程中公共利益与私人利益的关系（Desai & Roberts，2013；Baudot et al.，2017），认为其偏向于私人利益的制定方式可能会继续引发社会公众对美国会计职业可信度的系统性担忧。几十年来，尽管守则内容处于不断完善过程中，但是美国注册会计师协会一直在其职业行为守则中保持和实施基于规则的方法（AICPA，2016）。

会计曾经被公众认为是所有职业中诚信度最高的行业（Pearson，1988）。通常情况下，人们普遍认为会计师和审计师会遵循职业道德守则的要求，不会为了取悦客户而违背这些准则或规范。但是 21 世纪初，美国在不到十年的时间里经历的多次财务丑闻及次贷危机表明，有太多的会计师和审计师因为自身受到经济利益的诱惑而歪曲了财务信息，美国会计行业被批评过分关注商业利益而非公众利益，职业会计师和资本市场的信誉在公众心目中严重受损，会计这一职业的声誉已经恶化（Herron & Gilbertson，2004）。舞弊和危机的频繁发生提高了公众对各种专业团体背叛公众信任的敏感性，任何未能获得公众信任的职业都可能导致公众对该职业失去信心（Jakubowski et al.，2002），这对经济、社会等各方面都产生了严重的负面影响，甚至给个别国家带来了灾难性的长期影响。其中，较为典型的就是以 2001 年安然公司倒闭为标志的包括世通、施乐等在内的一系列重大会计丑闻和以 2008 年雷曼兄弟破产为象征的次贷危机。安然事件中由于公司提供虚假信息以及安达信向审计客户提供审阅和其他鉴证服务，引发了各方对公司治理及报告可信度的信任危机。时任美国总统布什意识到正在快速发展的信任危机，他多次发表电视讲话安抚公众，承诺政府会尽快想办法修复当前有缺陷的治理和报告系统。而雷曼兄弟则因为人们的贪婪和不道德行为导致了美国股票市场的暴跌和全球经济的衰退，触发了一场世界范围内的金融危机。为了更好地保护投资者（或消费者）的利益，提高资本市场的透明度，安然及世通公司丑闻发生后，作为对普遍存在的道德和法律失误的回应（Gunz & Thorne，2019），美国政府于 2002 年 7 月 30 日出台了具有里程碑意义的《萨班斯-奥克斯利法案》，金融危机的爆发则催生了 2010 年的《多德-弗兰克华尔街改革和消费者保护法案》（Dodd-Frank Wall Street Reform and Consumer Protection Act）。这些法案的实施显著增强了商业活动的法律与道德规范，为行业发展带来了更好的诚信、问责和治理。特别是《萨班斯-奥克斯利法案》，作为 1933 年以来影响会计行业的最重要的立法，该法案促使美国成立了上市公司会计监督委员会（Public Company Accounting Oversight Board，PCAOB）来监督对美国上市公司进行审计的执业会计师，并要求所有上市公司都设立道德准则，使得这一阶段的准则更多地呈现出强制性制度变迁的趋势。在随后几年里，会计行业在专业培训、对成员道德行为的监督和解释指导等领域保持了一定的自主权（Malsch & Gendron，2013）。通常情况下，当一个行业的公共利益和商业利益发生冲突时，相应的法规通常不会发生本质性的重大变化（Malsch & Gendron，2011；Hazgui & Gendron，2015），但是《萨班斯-奥克斯利法案》确实将会计行业置于一种特殊的地位，即为了关注和保护公众利益必须控制和约束其成员，同时还必须平衡其商业利益。通过对公司治理和会计行业的改革进行全面且详细的规定，该法案旨在将治理模式的重点从董事的自身利益转移到股东的整体利益和公共利益上来，从而为上市公司设立和实施审计、认证、质量控制和道德准则（包括独立性）等提供了支持，在很大程度上恢复了公众对会计行业的信心（Bies，2002；Lail et al.，2017）。

会计的判断特性和公众服务导向意味着会计师既要向公司的管理层负责，同时又要向公众负责。为了使企业经营行为符合国家的法律规定要求，职业会计师必须找到逃税和避税的合理界限；为了筹集到足够的资金以促进正常业务的开展，会计人员通常需要选择是客观表达财务状况还是进行盈余管理；审计人员在审计企业的财务信息时，需要在揭露的程度与引发的经济后果之间做出权衡。面对这些道德冲突时，会计（审计）人员必须经常在自己、他人与社会整体的利益间做出合理的选择，这就往往需要运用职业道德判断来处理那些没有明确或唯一答案的专业性难题。安然等一系列事件的发生，导致以规则为基础的职业道德监督制度成为公众抨击的对象，这也彻底改变了以美国注册会计师协会为代表的规则导向法下对具体规则的机械性遵循（Groom，2002）。会计职业"要求的不仅仅是遵守特定的规则"，而且还包含"一种行为模式——实际上是一种思维模式——这使得所有职业活动都表现得具有专业胜任能力、客观公正和诚信"（AICPA，2002a）。2000年，独立性准则委员会（ISB）发布了《注册会计师独立性概念框架》（也有文献称之为《独立性准则的概念框架》），规定了制定独立性准则遵循的基本原则以及识别并降低独立性风险的概念框架分析方法（陈汉文和韩洪灵，2020）。这表明之前以详细规则导向为基础的美国职业行为守则开始遵循概念框架法，尝试对条款内容进行概念性的回归。在2013年发布的新版行为守则中，虽然美国注册会计师协会没有对规则和解释进行任何实质性的更新，但是在其守则中增加了"概念框架"内容，并于 2015 年 12 月 15 日开始生效。与国际会计师职业道德准则理事会发布的《国际职业会计师道德守则》的概念框架相比，尽管该版概念框架具有咨询性质或带有一定的期望性，也无法进行强制执行，在本质上仍是基于规则导向的，最多也只能防止或减少违反规则行为的出现，但是通过模仿《国际职业会计师道德守则》的概念框架，新版的职业行为守则要求成员有意识地提高对其遵守行业行为规则所面临的威胁，并认识到可以采取防范措施来减少或消除这些威胁的重要性，同时还要求成员通过合理第三方的视角来审视每一个有问题的情况、交易或关系。因此，在某种程度上，2013 年新采用的概念框架标志着美国职业行为守则从完全基于规则的职业道德体系向着基于原则的结构迈出了关键性的一步。在 2014 年发布的修订版准则中，诚信被视为一种关键性的要素（AICPA，2014），开始成为所有成员都必须遵守的专业基础（Spalding & Lawrie，2019）。为了与《国际职业会计师道德守则》相一致，以更好地解决道德困境、利益冲突及独立性等问题，美国注册会计师协会在 2015 年又对职业行为守则进行了完善，对概念框架的应用进行了讨论，并特别强调说明了注册会计师的首要职责是服务于公共利益。在 2013 年新版概念框架的基础上，2015 年发布的行为守则采用了一套类似《国际职业会计师道德守则》的基本原则和结构框架，用于处理执业的职业会计师和工商业界职业会计师在业务实践中遇到的不同情况。值得一提的是，为了更紧密地贴合国际会计师职业道德准则理事会基于原则的道德标准（Gaynor et al.，2015），更好地评估、处理和应对会计师在履行基本原则时所面临的威胁、存在的风险和采取的防范措施，美国注册会计师协会在此次修订中强制性地使用了概念框架。经过多次修订，作为职业行为守则的核心原则也在逐步完善，通过基本的原则条款指导会计人员履行其专业职责，表明了概念框架法下会计行业对公众、客户和同事的责任所在。以守则中的行为原则为例，在 2020 年 6 月美国注册会计师协会发布的最新版职业行为守则中提出了以下六项基本原则（AICPA，2020）。

1. 责任（responsibilities）

第一，在履行作为专业人士的职责时，成员应在其所有活动中做出敏锐的、专业和道德方面的判断。

第二，作为专业人士，成员在社会中扮演着重要的角色。这一角色要求美国注册会计师协会的成员对所有使用其服务的人负责。成员应坚持不懈地与其他成员合作，以提高会计工作水平，维护公众利益，并履行职业自律的特殊责任。维护和提升行业传统需要所有成员的共同努力。

2. 公众利益（the public interest）

第一，成员有义务以服务公众利益、尊重公众信任、提升专业能力的方式开展工作。

第二，一项职业的显著标志是获得公众的信任。会计职业的公众由客户、信贷提供者、政府、雇主、投资者、商业与金融机构以及其他所有依赖注册会计师的客观和诚信来保持商业有序运行的个人和机构。这种依赖使得注册会计师有责任保护公众利益。公众利益指的是接受或依赖注册会计师执业服务的群体和机构所形成的集体利益。

第三，在履行职责过程中，成员可能遇到来自不同群体的相互冲突的压力。在解决这些冲突过程中，成员应正直行事，遵循当成员履行对公众的责任时客户和雇主的利益能得到最好保护的理念。

第四，那些依赖注册会计师的个人和机构期望他们按照诚实、客观、应有的关注和真正关心公众利益的方式履行其职责。无论是提供高质量的服务、收取合理的费用，还是提供多种服务，这些都要以符合原则的方式展现其专业水平。

第五，所有成员都应该承诺尊重公众的信任。为不辜负公众的信任，成员应始终不懈地致力于追求卓越。

3. 诚信（integrity）

第一，为了维护和提高公众对于注册会计师职业的信任，成员应以最高意义上的诚信来履行所有的专业职责。

第二，诚信是一个职业得到认可的基本要素，这是获得公众信任的源泉，并且也是成员评价其判断的最终标准。

第三，诚信原则要求成员在为客户保密的前提下，做到诚实和坦率。不能把个人利益凌驾于所提供的服务和公众信任之上。诚信容许无意的差错和诚实的意见分歧，但不允许欺骗和对原则的妥协。

第四，诚信原则要求成员以正确和公正作为行为准则。在缺乏具体规则、标准、指南，或遇到观点冲突时，成员应通过提出以下问题来检验决策和行为："我所做的是一个诚信的人应当做的吗？我保持我的诚信了吗？"诚信原则要求成员不仅在形式上而且在实质上遵守技术和道德准则。

第五，诚信原则还要求成员遵守客观、独立和应有的关注原则。

4. 客观性与独立性（objectivity and independence）

第一，成员应在履行专业职责过程中保持客观性，避免利益冲突。成员在提供审计和其他鉴证服务时，应保持实质上和形式上的独立性。

第二，客观性是一种思想状态，一种能够为成员的服务价值增值的品质，也是会计职业的一个显著特征。客观性原则要求不偏不倚、诚实和免于利益冲突。独立性要求在提供鉴证服务时排除可能会妨碍客观性的关系。

第三，成员经常以其不同的能力服务于多种利益，必须在不同的情况下维护其客观性。有的成员提供鉴证、税务和管理咨询服务，有的成员受雇于他人编制财务报表、执行内部审计服务，并在企业、学校和政府部门担任财务和管理工作。他们还教育和培训那些有志于进入会计行业的人。无论提供的服务和能力如何，成员都应该保持工作中的诚信和客观性，避免在决策上的任何妥协。

第四，客观性与独立性原则要求公开执业的成员持续评估客户关系和公共责任。提供审计和其他鉴证服务的成员应当在形式上和实质上保持独立性。在提供任何其他服务时，成员都应当保持客观性，避免利益冲突。

第五，尽管非公开执业的成员无法保持形式上的独立性，但他们在提供专业服务时仍然有责任保持客观性。受雇于他人编制财务报表，或提供审计、税务、咨询服务的成员在客观方面应与公开执业的成员承担相同的责任，在运用公认会计原则时必须保持小心谨慎，在处理与公开执业的成员的关系时必须保持坦诚。

5. 应有的关注（due care）

第一，成员应遵守会计职业的技术和道德标准，不断努力以提高胜任能力与服务质量，并尽自己最大的能力来履行专业责任。

第二，追求卓越是应有的关注的精髓。应有的关注要求成员能够胜任并且勤勉地履行其专业职责。应有的关注要求成员在履行职业对公众的责任的同时，也要关注服务对象的最佳利益，尽自己的最大能力提供专业性的服务。

第三，专业胜任能力是教育和经验共同作用的结果。它首先来自对作为注册会计师所要求的基本知识的掌握。保持专业能力要求成员在其整个职业生涯中不断地学习和提高职业能力。这是成员的个人责任。在承担所有业务和履行所有责任时，每一个成员都应当具备一定程度的专业胜任能力，以确保所提供服务的质量能够达到这些原则所要求的高水平的专业精神。

第四，专业胜任能力意味着获得并保持一定程度的理解力和知识水平，使得成员能熟练地提供服务。它还规定了成员能力的限制，即当接受的业务所需要的能力超过成员个人的能力或其所在公司的能力时，可能需要寻求咨询和推荐。每个成员都有责任评估自身所受的教育、获得的经验和判断能力是否足以胜任所承担的责任。

第五，成员在履行对客户、雇主和公众的责任时应做到认真勤勉。勤勉意味着细心、有效率地提供服务，考虑周到，并遵守适用的技术和道德标准。

6. 服务的范围和性质（scope and nature of services）

第一，成员在确定所提供服务的范围和性质时，应遵守《职业行为守则》的原则。

第二，成员在提供公共利益方面的服务时，此类服务应与成员可接受的职业行为相一致。诚信原则要求所提供的服务和公众信任不能妥协于任何的个人利益。客观性和独立性原则要求成员在履行专业职责时没有利益冲突。应有的关注要求成员提供能够胜任的和勤勉的专业服务。

第三，在决定是否在个别情况下提供特定服务时，成员应考虑这些原则中的每一项要求。在某些情况下，它们可能代表对提供给特定客户的非审计服务的总体性约束。没有硬性的规则可以帮助成员做出这些判断，但他们必须确信所提供的服务符合原则的精神。

第四，为了做到这一点，成员们应该注意以下方面。在建立内部质量控制程序的公司中执行业务，以确保提供有效的服务并得到充分的监督。在确定向审计客户提供的其他服务的范围和性质时，需要根据成员的个人判断，是否会在为该客户履行审计职能时引发利益冲突；根据成员的个人判断，评估某项活动是否符合他们作为专业人员的角色。

这些基本原则和概念框架对于注册会计师服务公众利益和维护行业的良好声誉都起到了极大的推动作用。

五 小结

目前，美国会计师职业行为守则共由三部分构成：第一部分是公共业务成员（Part 1：Members in Public Practice），第二部分是商业企业成员（Part 2：Members in Business），第三部分适用于退休或失业的其他成员（Part 3：Other Members）。虽然守则的三个部分主题（topics）各不相同，但都是由原则（principles）、规则（rules）、解释（interpretations）及其他指导（other guidance）组成。由于具有与法律相同的架构，因而具有准法律的性质，更多地呈现出他律的特征。在适用的情况下，主题一般会与行为规则和其他相关的规则保持一致。除个别情况外，行为守则适用于所有提供专业服务的情形。通常情况下，会计师应查阅守则的所有对应部分，并适用最严格的规定。就具体应用情况来看，遵守职业行为守则与否主要取决于会计人员的理解和自愿行动，其次是同行和舆论的强化，最终在必要时，美国注册会计师协会会对不遵守规则的成员予以纪律惩罚。无论是从一开始针对公开的弊端提出最低要求的职业道德准则，还是到认识到真实、可靠的会计信息有助于增强投资者信心、保护投资者利益，从而进行积极的政府干预，通过修订并逐步扩展职业道德准则内容，实现维护公众利益需求并改善注册会计师地位的目的，进而到人们对会计职业界是否愿意积极有效地满足社会诉求、保护社会公众利益产生怀疑，再到对准则内容的重新检查和深入分析，不难看出，美国职业行为守则持续处于一个平衡、失衡、再平衡、再失衡的往复循环中。除了政府推动外，由于已有约定不再符合信息需求者的要求，因此也需要不断地根据公众需求"重签"有关会计师服务的合约内容。随着法律规定等各种外部环境的演进，职业行为守则必然也将相应地发生改变。

第六章 国际职业会计师道德守则变迁分析

作为会计行业最权威也是最具代表性的全球性组织，国际会计师联合会成立于 1977 年，前身是国际会计职业协调委员会。国际会计师联合会设理事会作为执行机构，其主要使命就是通过提供可能发生的情况和全面的建议，支持制定高质量的国际标准（如国际职业会计师道德守则、国际财务报告准则等）并促进这些准则在成员组织中的采用和实施，促进国际范围内的会计趋同和协调，提高全球会计职业的相关性、声誉和价值，从而为维护公众利益提供高质量的服务。为了实现这一目标，1980 年 7 月，由国际会计师联合会道德委员会制定了第一份道德准则，经国际会计师联合会理事会审核通过后对外发布。该版准则主要由前言、原则、注释和实施四部分构成。在其前言中，道德委员会明确提出了会计师[①]的责任是尽其所能为公众利益采取行动，职业道德准则的作用是为接受和遵守管理会计师与客户、雇主、雇员、同行以及公众之间的关系提供职业道德标准，是各国会计职业界制定本国会计职业道德规范的基础。不仅如此，1980 年发布的道德准则也首次提出了会计师应当遵守的七项原则，包括廉正、客观、独立、保密、技术标准、业务能力和道德行为。可以说，职业道德守则的实施是引导会计师走向公正和道德行为的重要因素。在这个基础上，1990 年发布的《职业会计师道德准则》又将原有版本中的四个部

---

① 在国际会计师联合会下属职业道德准则理事会制定的职业道德守则中，明确将监管对象设定为职业会计师，并进一步分为工商业界职业会计师和执业的职业会计师两类。除了"国际会计师联合会成员组织的会员"这一专用名词外，本书中提到的职业会计师是受雇会计师和注册会计师的统称。另外，除了参考文献的原文表述，无论具体业务涉及会计还是审计，本书不再予以详细区分，都统一称之为会计师。

分调整为目标、基本原则、准则和评论。其中，目标主要从职业化的最高标准出发明确会计职业应该达到的最高境界；基本原则是专业会计师为了实现职业目标必须遵循的原则，包括正直和客观等；作为职业会计师道德准则体系的主要内容，准则是目标和基本原则的具体化，主要为职业会计师在各种情况下应用基本原则提供可操作性指南；评论则是对个别重要的准则或一些特殊事项做出的详细说明。虽然这版准则内容较为简单，但是其逻辑性的体系、明确的目标和初具雏形的原则条款为道德准则的变迁奠定了基础，也为全球各个国家会计组织制定道德守则提供了范本。

经过多年发展，国际会计师联合会现下设四个独立的标准制定委员会，分别是国际审计与鉴证准则理事会（The International Auditing and Assurance Standards Board，IAASB）、国际会计教育准则理事会（The International Accounting Education Standards Board，IAESB）、国际会计师职业道德准则理事会（The International Ethics Standards Board for Accountants，IESBA）和国际公共部门会计准则委员会（The International Public Sector Accounting Standards Board，IPSASB），各自制定关于审计与鉴证、会计教育、职业道德和公共部门会计的国际准则。其中，作为制定会计师职业道德标准的独立的准则制定机构，国际会计师职业道德准则理事会负责为职业会计师制定高质量、国际适用的道德标准和指南以及审计师独立性要求，目标是使其制定的道德守则与各监管机构和准则制定者发布的标准相一致，通过建立并促进高质量准则的国际趋同，提高行业声誉，实现服务公众利益的目的。截至 2019 年，已有 94% 的国际会计师联合会成员的会计组织所在国家和地区通过直接参照以及趋同的方式全部或部分采用了国际职业会计师道德守则（IFAC，2020）。截至 2021 年 12 月，在国际会计师联合会的 136 个成员辖区中，已有 130 个使用了国际职业会计师道德守则（IESBA，2022a），约占成员总体的 96%。国际职业会计师道德守则的应用范围和影响力在不断扩大。

随着全球经济的快速发展，委托代理链条也在无限地延伸，市场体系和监管制度的不完善使得各个国家的会计舞弊事件层出不穷。作为信息使用者的社会公众，除了专门的金融投资机构外，多数不是专业人士，因而常常会将道德行为与职业能力关联在一起，而这两者在提供专业服务过程中又是融为一体的，一般很难区分。因此一旦出现问题，公众会谴责任何一个未能达到其期望的行为。由于对会计师的职业能力无法做出准确的判断，因而如果出现财务舞弊或丑闻，多数利益相关者会将其归咎为会计师职业道德行为方面的问题。这不仅无法满足社会利益相关者的期望，会计师及其所在事务所的声誉也将受到严重损害，无论是对于整个行业道德行为的改进还是对于个人职业道德行为能力的提升都毫无裨益。面对给会计行业带来的严峻挑战，会计职业道德行为标准建设和治理的必要性和紧迫性日益凸显。在经济一体化和准则全球趋同的背景下，持续不断的财务丑闻刺激了相关会计准则和业务实践的国际化，特别是以国际会计师联合会为代表的行业国际组织，通过制定全球会员协会采用的道德准则和标准，出台了国际性职业道德指南。人们开始支持国际会计师联合会制定和发布可在所有法律管辖范围内完全采用或修改后采用的会计行为准则。自 1980 年国际会计师联合会道德委员会发布首份道德准则条款以来，全球资本市场一系列重大舞弊及诉讼案件的频发促使业界进行不断的反思和探索，准则内容也一直处于持续的发展过程中。为了在一个动态且不确定的环境中构建高质量的道德准则并更好地维护公众利益，让成员的职业会计师有可以遵循和指导的行为标准，国际会计师联合会随后在 2001 年发布了《国际职业会计师道德守则》的修订版本，并在接下来的几十年中其下属机构国际会计师职业道德准则理事会对道德准则进行了持续的完善和改进，发布了若干修订版本。本章选取了 21 世纪以来《国际职业会计师道德守则》较有代表性的四次重大修订作为研究对象，通过分析影响其变迁的因素，总结国际职业会计师道德守则的变动规律和发展趋势。

一 加强独立性要求，恢复公众对行业的信心

2001 年，安然事件的发生严重损害了社会公众和投资者对会计行业的信心，引发了人们对于审计独立性的关注。实际上，早期安德森委员会（Anderson Committee）和麦克唐纳委员会（MacDonald Commission）对美国和加拿大法典提出的修订案中最重要的也是希望恢复公众的信心，即该职业是为公众利益服务的。它们的责任不仅仅是满足企业或客户的需求，更主要的是满足其所服务群体和机构的公共利益。在这种情况下，会计师如何在促进公众利

益的同时服务于企业和客户的最大利益，如何在保持独立性的前提下更好地平
衡各方面的利益冲突成为亟待解决的道德难题。在各国积极探索构建会计职业
道德的背景下，国际会计师职业道德准则理事会自 21 世纪以来为解决这一难
题做了不懈努力。2005 年 6 月，国际会计师联合会发布了修订后的《职业会
计师道德准则》。随着《萨班斯-奥克斯利法案》的颁布和公众利益监督委员
会（Public Interest Oversight Board，PIOB）这一独立管制机构的成立，国际会
计师职业道德准则理事会重新起草了《职业道德守则》的独立性要求并在
2009 年 7 月发布了新版守则，要求所有职业会计师评估对遵守基本道德原则
形成的威胁，采取防范措施消除这些威胁或将其降低至可接受水平。尤其对
于公共利益实体，守则禁止会计师参与某些利益关系，明确了国际会计师职
业道德准则理事会认为没有防范措施足以将威胁降低到可接受水平的情况。
为了适应对遵守基本原则造成威胁的各种情况，防止出现仅仅因为一种情形
没有被明确禁止就允许某种行为的结论，该版守则沿用了自 2004 年开始采用
的原则导向（principle-based），主要内容由 Part A——守则的一般应用
（General Application of the Code）、Part B——执业的职业会计师（Professional
Accountants in Public Practice，PAPPs）① 和 Part C——工商业界职业会计师
（Professional Accountants in Business，PAIBs）② 三部分构成，涉及并涵盖了职
业会计师可能遇到的与职业道德有关的全部事项。其中，A 部分确立了职业
会计师应遵守的职业道德基本原则并建立了适用的职业道德概念框架，用于指导
职业会计师识别对遵守基本原则产生的威胁、评估所识别威胁的严重程度以及
必要时采取防范措施消除威胁或将其降低至可接受的水平。B 部分和 C 部分通
过提供适用于解决对遵守基本原则产生威胁的防范性措施的示例，说明了在某
些具体情况下应如何运用职业道德概念框架，特别还描述了无法采取防范措施
来消除或减少威胁的情况。国际会计师职业道德准则理事会为职业会计师制定
了职业道德要求，通过为所有职业会计师提供一个通用的概念框架来确保遵守

---

① 职业会计师是指国际会计师联合会成员组织的会员。执业的职业会计师是指在会计师事务所中
提供专业服务的职业会计师，无论其提供审计、税务还是咨询等何种专业类别的服务。

② 工商业界职业会计师是指在工商业、服务、公共部门、教育、非营利机构、监管机构或职业团
体里工作的或聘用的职业会计师。

职业道德的五项基本原则。在制定的统一概念框架下，所有职业会计师都必须识别对这些基本原则产生的威胁，如果存在威胁，则应采取防范措施以确保这些原则不受任何影响或损害。国际会计师职业道德准则理事会在将守则B部分"第290节独立性"区分为审计和审阅业务、其他鉴证业务的基础上，特别对审计和审阅业务的几个方面加强了独立性要求：（1）将范围从上市公司扩展到所有公众利益实体（290.26）；（2）将合伙人轮换要求扩展至所有关键审计合伙人（290.151）；（3）强化了提供非鉴证服务的部分条款规定（290.156~290.219）；（4）禁止将关键审计合伙人的薪酬或业绩评价与其向审计客户推销的非鉴证服务直接挂钩（290.229）；（5）如果来自某一涉及公众利益的审计客户或相关实体的总费用连续两年超过事务所全部收费的15%，要求在发表审计意见之前或之后进行复核（290.222、290.229）；（6）对事务所员工跳槽至公众利益实体的审计客户并担任要职做出冷却期的要求（290.139）。相比已有守则，2009年的第一次制度变迁首次将独立性分为审计和审阅业务独立性、其他鉴证业务独立性，明确了对所有职业会计师的要求并显著加强了对审计师的独立性要求，同时也进一步确定了职业道德守则制定的原则导向，对认为必要的情况进行了详细补充，从而使得国际会计师职业道德准则理事会不仅能为尚未发布道德守则的司法管辖区制定准则，还可以为那些已实施类似准则的国家实现更全面、更有效的应用提供指南。这次修订使得守则既全面又灵活，为其在不断变化的环境中保持相关性和有效性奠定了基础，也对整个国际职业会计师道德守则体系的发展产生了深远影响。

二　聚焦利益冲突，减少对独立性的威胁

为了防止欧洲主权债务危机的持续蔓延，充分发挥职业会计师在应对金融危机中的作用，在2009年2月召开的国际会计师联合会成员组织领导人年度会议上，各个国家的会计机构和地区性会计组织的负责人重点就如何在职业道德、公允价值会计等方面出台新的规定或政策从而为职业会计师提供支持展开了讨论。作为对2008年7月国际会计师职业道德准则理事会发布的征求意见稿（Exposure Draft，ED）的回应，证券委员会国际组织（International

Organization of Securities Commissions，IOSCO）对无意中违反道德守则规定的内容进行了评论，认为这意味着所有非有意为之的违反守则行为都可以通过必要的防范措施加以纠正，这反而会在一定程度上变相鼓励不道德和潜在滥用守则的行为。迫于监管组织的压力并考虑到司法管辖区的差异性，国际会计师职业道德准则理事会在2011年10月发布的征求意见稿中提议建立一个强有力的框架用于解决违反守则独立性要求的问题，通过向治理层报告所有违规行为来保持透明度、减少主观性，从而为职业会计师在遇到违反守则要求的情况下应采取的行动提供指导，正式内容体现在2013年版守则A部分"第100节简介和基本原则"（100.10）和B部分"第290节独立性——审计和审阅业务"（290.39～290.49）、"第291节独立性——其他鉴证业务"（291.33～291.37）中。会计执业环境的变迁使职业会计师在许多情况下面临利益冲突与道德困境。2011年11月爆出的奥林巴斯财务丑闻让职业会计师再次站到了大众面前，职业道德的沦丧导致奥林巴斯造假持续并隐藏长达20年的时间。实际上，无论是执业的职业会计师（PAPPs）还是工商业界职业会计师（PAIBs），任何实际的、潜在的还是可能的利益冲突都会对客观性造成威胁，而客观性和独立性又紧密相连，因此为了进一步减少对独立性的威胁，国际会计师职业道德准则理事会于2011年12月发布了利益冲突征求意见稿，提议对涉及相关内容的守则B部分"第220节利益冲突"和C部分"第310节潜在冲突"进行审查修订。守则通过更具体的要求以及提供更全面的指导和示例（如100.17、100.18、220.2、220.7、310.2等）为所有职业会计师在遇到涉嫌欺诈或非法行为时如何识别、评价和应对利益冲突提供了支持。根据国际审计与鉴证准则理事会对《国际审计准则第610号——利用内部审计师的工作》建议的回应，为了实现和国际审计准则术语的统一，在2013年版守则中主要包括违反守则的要求（breach of a requirement of the code）、利益冲突（conflicts of interest）和项目组（engagement team）三个声明。类似地，2014年版守则为了与《国际审计准则第260号——与治理层的沟通》的术语相一致，又对"治理层"（those charged with governance）的概念进行了相应修订。需要指出的是，尽管执业的职业会计师和工商业界职业会计师在处理利益冲突时所采取的方法大致相同，但在实际业务中利益冲突产生的具体情况和背景仍有所差异，尤其是会计师事务所其他成员提供的专业服务也可能会引发利益冲突，因此相比之前仅仅局限于执业的职业会计师从事的审计和审阅业务独立性条款的改进以及并不明显的实施效果，2013 年版守则逐渐向影响独立性的其他内容拓展，范围也开始涉及工商业界职业会计师的业务领域。

三　强化管理层责任，降低非鉴证服务引发的风险

在公共会计范围的服务领域里，审计和其他服务之间存在着重要的差别。这种差别是，同一人提供这些服务时独立性的观念无疑是不相容的（莫茨和夏拉夫，1990）。在汲取了美国安然事件、世通公司等案例的教训后，为了进一步强化守则中与向审计客户提供非鉴证服务相关的独立性规定，重振公众对会计行业的信心，2011 年，欧盟委员会（European Commission，EC）提议通过对审计客户的非鉴证服务予以严格规定等方式对独立性要求进行重大修改。2012 年，欧盟委员会和其他主要司法管辖区的监管机构审议了进一步限制非鉴证服务等一系列旨在加强审计师独立性的措施。借鉴上述机构的立场，国际会计师职业道德准则理事会开始考虑如何在不损害审计师独立性、客观性和职业怀疑的情况下更好地向审计客户提供非鉴证服务，例如守则是否应当包括对审计师向其审计客户提供非鉴证服务的额外限制、将重要性作为禁止某些非鉴证服务的依据是否恰当等，并将审查非鉴证服务条款纳入 2012 年的战略工作计划（Strategy and Work Plan，SWP）中。根据对包括 G20 在内的 26 个国家和地区的调查结果以及监管机构对具体问题的反馈，国际会计师职业道德准则理事会在2015 年 1 月发布了最终声明，对守则"第 290 节独立性——审计和审阅业务"中针对审计客户的部分非鉴证服务（Non-Assurance Services，NAS）条款进行了修订，具体包括：（1）撤销了允许事务所在紧急或其他异常情况下向公共利益实体（PIE）审计客户提供某些记账和税务服务的规定（290.171、290.183）；（2）完善了为非公众利益实体的审计客户编制会计分录和财务报表时提供的"常规性或机械性"服务的概念（290.164~290.170）；（3）明确并强化了为审计客户提供非鉴证服务时管理层责任方面的内容（290.159~290.162）。该版守则通过删除紧急例外条款彻底解决了误用或滥用非鉴证服务引发的风险，消除管理

层责任条款的模糊性则解决了由审计师提供非鉴证服务结果所引发的"橡皮图章"（rubber stamping）问题，从而极大地减少了职业会计师面临的法律责任风险，也使其更符合公众利益的需求。

四 增强概念框架作用，重视应用的有效性

在此后的几年间，国际会计师职业道德准则理事会不间断地推出了针对涉嫌非法行为、改进职业会计师道德守则结构以及职业怀疑与职业判断等不同事项的征求意见稿。随着各国持续加大各自在独立性等领域的监管力度（例如，从 2016 年 6 月 17 日起，欧盟新的审计监管体系正式生效），以确保守则能够更好地服务于公众利益，国际会计师职业道德准则理事会根据国际会计师联合会对一些公司会计违规行为的大量调查并结合透明国际 UK 有关政府官员贿赂和腐败的信息，针对 2015 年版守则中 Part C——工商业界职业会计师（PAIBs）"第 350 节利益诱惑"的内容展开了差距分析（gap analysis），以确定是否及如何加强相关规定。为了应对全球金融危机后对独立性日益严格的监管要求，解决工商业界职业会计师面临的越来越紧迫的道德问题，提高守则的清晰度和可用性，强化对业务的指导作用，在征求了多方意见并充分考虑各国法律法规及文化差异等因素的影响后，国际会计师职业道德准则理事会基于优化的体例结构和新的起草框架对 2016 年版的职业道德守则进行了重大的实质性修订，在 2019 年又发布实施了重构后的新版守则，为职业会计师更好地保持独立性从而遵守基本原则构建了更加全面完整的准则体系。新版守则主要内容包括：（1）增强且更显著的概念框架（120.1、120.2）；（2）与防范措施有关的更明确、更有力的规定（120.9、540.3A6、940.3A6）；（3）加强的独立性条款，解决个人与审计或鉴证客户的长期关系（540、940）；（4）新修订的工商业界职业会计师（PAIBs）章节涉及信息的编制和报告以及违反基本原则的压力（220、270）；（5）为执业的职业会计师（PAPPs）提供明确指导，即守则第 2 部分对 PAIBs 的有关规定也适用于 PAPPs（300）；（6）强化了 PAIBs 和 PAPPs 提供或接受利益诱惑（包括礼品和款待）的规定（250、340）；（7）增加新的应用材料，强调在进行职业判断时了解实际情况的重要性，并对如何

通过遵守基本原则更好地支持在审计或其他鉴证业务中运用职业怀疑态度做了进一步解释（120.5A1～120.5A3、120.13A1～120.13A2）；（8）纳入了国际独立准则（4A、4B）。

（一）守则结构

为了提高守则的清晰度，增强其可理解性和可使用性，2019 年版守则采用了新的结构和起草惯例（IESBA，2018a），即将原有版本中的 Part A——守则的一般应用（General Application of the Code）、Part B——执业的职业会计师（PAPPs）和 Part C——工商业界职业会计师（PAIBs）三部分（见图 6-1）调整为 Part 1——遵守守则、基本原则及概念框架（Complying with the Code, Fundamental Principles and Conceptual Framework）、Part 2——工商业界职业会计师（PAIBs）、Part 3——执业的职业会计师（PAPPs）以及国际独立准则（IIS）四部分（见图 6-2）。

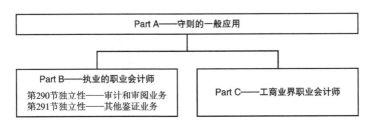

图 6-1　2016 年版职业道德守则结构

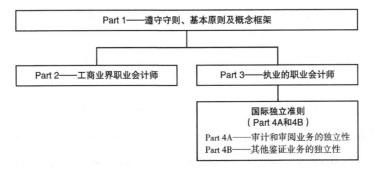

图 6-2　2019 年版职业道德守则结构

其中，第一部分主要由遵守守则、基本原则和概念框架构成。守则规定，职业会计师应遵守以下五项基本原则：诚信（integrity）、客观性（objectivity）、专业胜任能力和应有的关注（professional competence and due care）、保密（confidentiality）、职业行为（professional behavior），具体释义如表6-1所示。

表6-1 职业会计师应遵守的五项基本原则

五项基本原则	诚信 （integrity）	职业会计师在所有职业和商业关系中必须坦率、诚实
	客观性 （objectivity）	职业会计师不应当允许偏见、利益冲突或者他人的影响超越其职业或商业判断
	专业胜任能力和应有的关注 （professional competence and due care）	专业胜任能力：职业会计师有义务随着技术、职业准则和相关法规的不断发展，将自己的专业知识和技能保持在一定的水平之上，以确保客户能够享受到称职的专业服务 应有的关注：职业会计师在提供职业服务时要保持应有的职业谨慎和勤勉的作风，并且遵守适用的技术和职业准则
	保密 （confidentiality）	职业会计师应对在职业和商业关系中所获得的信息保密
	职业行为 （professional behavior）	职业会计师应当遵守相关的法律和规章，并且避免任何有损整体职业信誉的行为

第二部分包括利益冲突（conflicts of interest），信息的编制和报告（preparation and presentation of information），充分的专业能力（acting with sufficient expertise），经济利益、报酬和激励（financial interests, compensation and incentives），利益诱惑（包括礼品和款待）（inducements, including gifts and hospitality），对违反法律和监管的反应（responding to non-compliance with laws and regulations），违反基本原则的压力（pressure to breach the fundamental principles）。

第三部分内容涵盖了利益冲突（conflicts of interest）、业务约定（professional appointments）、第二次意见（second opinion）、收费和其他类型的佣金（fees and other types of remuneration）、利益诱惑（包括礼品和款待）（inducements, including gifts and hospitality）、客户资产的保管（custody of client assets）、对违反法律和监管的反应（responding to non-compliance with laws and regulations）。

第四部分包括Part 4A——审计和审阅业务的独立性和Part 4B——其他鉴证业务的独立性两个层面的内容。

除了总体结构调整外，守则中的每一小节列报格式也由之前逐条式的罗列变为包括简介（introduction）、要求（requirements）和应用材料（application material）在内的层次性阐述。其中，"简介"部分用于介绍本节所要阐明的主要内容，并通过概念框架引出相应的要求和应用材料；"要求"部分针对具体的业务事项明确职业会计师应当承担的责任或履行的义务；"应用材料"部分则是对于相关问题的进一步解释、建议、考虑事项及示例，以帮助会计师更好地采用和执行具体规定，遵守守则的要求。

（二）利益诱惑

原有版本涉及利益诱惑方面的内容主要有 Part B——执业的职业会计师中的"第 260 节礼品和款待"、"第 290 节独立性——审计和审阅业务 225 礼品和款待"、"第 291 节独立性——其他鉴证业务 155 礼品和款待"和 Part C——工商业界职业会计师中的"第 350 节利益诱惑"。守则重构后，IESBA 按照新的结构将相应章节分拆为 Part 2——工商业界职业会计师中的"第 250 节利益诱惑，包括礼品和款待"、Part 3——执业的职业会计师中的"第 340 节利益诱惑，包括礼品和款待"、Part 4A——审计和审阅业务的独立性中的"第 420 节礼品和款待"和 Part 4B——其他鉴证业务的独立性中的"第 906 节礼品和款待"。具体内容体现在以下几个方面。

1. 完善了对"利益诱惑"的描述

尽管原有版本从不同角度对职业会计师提供和接受利益诱惑的情况进行了规范，但都没有对"利益诱惑"（inducements）这一专业术语做出详细的解释。新守则中，国际会计师职业道德准则理事会将其定义为"是用于影响他人行为的一个目标、一种情况或者行动，虽并非有意为之，但可能会不当地影响个体行为，导致不道德行为的产生"。这种不当影响既可以是针对接受者，也可以是与接受者有特定关系的其他人。虽然承认该术语通常用于负面意义的环境中，但国际会计师职业道德准则理事会也同时指出"利益诱惑"并不一定指的是有意图的不当影响另一人的行为情况，也可以用于影响他人以非不道德（not unethical）①的方式行事，其含义更具中立性且应用更为广泛。就实际情况来看，利益诱惑涉及的范围较广，既有商业伙伴或业务同事之间相互款待这一类的轻微行为，也包括违反法律法规的腐败和贿赂这一类的严重行为。不仅如此，除了礼品、款待和娱乐这些传统的方式外，或有利益也呈现出不同的形式，如政治或慈善捐赠、雇佣或其他商业机会、以友情或忠诚为名、优惠待遇及特权等。

2. 强调"意图"的重要性

由于不道德行为和非法行为通常会出现相互重合的情况（Kish-Gephart et al., 2010），而在很多国家的司法权中，与贿赂和腐败有关的法律法规在特定情况下禁止提供或接受利益诱惑，因此新守则从法律的角度将利益诱惑分为法律法规禁止的和法律法规未禁止的两大类。鉴于不同的司法管辖权及特定环境，部分与贿赂和腐败有关的法律法规禁止提供或接受利益诱惑，在遇到这种情况时，职业会计师理解并遵守相关的法律法规要求即可，特别对于非法的利益诱惑更是如此。由于法律法规未禁止的提供或接受行为仍有可能对会计师遵循基本原则造成威胁，因此国际会计师职业道德准则理事会又进一步将利益诱惑区分为两种情况进行处理。

第一种情况，有意图的不当影响行为。所谓不当影响，是指导致接受者或者与接受者有特定关系的他人以不道德的方式从事职业行为。显然，这种行为违背了诚信的基本原则，因此国际会计师职业道德准则理事会要求职业会计师不应提供（接受）或鼓励他人提供（接受）这类利益诱惑。在具体应用时，会计师可通过职业判断来确定威胁存在与否及其严重程度，需要考虑的因素包括利益诱惑的性质、价值、提供时机、是否为职业活动的辅助部分、特定环境下的风俗或文化习俗、提供范围仅限于接受者个人还是更广泛的群体、提供者

---

① 除了道德和不道德行为外，还有一个中间状态，而"非不道德"就包括了"道德"及"中间状态"。2005 年，罗纳德·杜斯卡和布伦达·杜斯卡所著的《会计伦理学》中也列举了类似的例子，如揭发一家公司的会计舞弊程序履行了会计师对公众的责任，但是这样做可能有违会计师本人的忠诚感。

或接受者的角色和职位、是否接受者主动要求或索取以及利益诱惑提供的透明度等。需要注意的是，如果会计师意识到这种具有真实或可察觉意图的不当影响行为确实存在，那么即使遵守守则的要求，也有可能对遵守基本原则产生威胁。解决这一问题的办法就是向会计师所在单位高管或治理层报告利益诱惑的具体事项，亦可修订或终止与利益诱惑提供者或者客户的商业关系。

第二种情况，无意图的不当影响行为。如果是无意图的不当影响行为，那么职业会计师可使用概念框架的要求及应用材料来处理相关问题。当然，职业会计师提供或接受此类利益诱惑也可能会对遵守基本原则产生威胁，如接受供应商提供的兼职工作引发的自利性威胁、接受若是公开披露则被认为是不适当的款待所引发的恐吓威胁以及经常带顾客或供货商参加体育赛事引发的密切关系威胁等，评价威胁严重程度的参考因素与第一类情况完全一致。如果利益诱惑微不足道或无关紧要，那么所引发的威胁都处于可接受水平之内。若威胁较为严重，职业会计师可以采取防范措施将其消除或降低至可接受的水平，例如拒绝或不提供（接受）利益诱惑、将相关责任转移给会计师认为不会影响决策制定的其他人、将收到的利益诱惑捐赠给慈善机构并向企业高管或提供者进行适当披露①、偿还收到的成本（如招待费等）、尽快返还收到的礼物、由不参与专业服务的审阅人员对会计师实施的工作或所做决定进行复核、在有关的工作记录或日志中进行登记等。

此外，一旦利益诱惑涉及会计师的直系亲属或近亲属成员时，在综合考虑守则建议的因素以及会计师与直系亲属或近亲属成员、直系亲属或近亲属成员与交易方以及会计师和交易方的亲密关系和性质后，如果会计师或者合理且知情的第三方认为确实存在具有真实或可察觉意图的不当影响行为，会计师应建议直系亲属或近亲属成员不提供或接受这类利益诱惑，即便遵循了相关要求，也要使用概念框架来识别、评价和应对利益诱惑引发的不利影响。

---

① 尽管在一些司法管辖区将所受礼品予以捐赠这一行为或许不恰当，但是国际会计师职业道德准则理事会认为，向慈善机构捐赠接受的利益诱惑并向政府主管部门或者利益诱惑的提供者个人进行适当披露仍不失为一种有效的防范措施。我国《最高人民法院　最高人民检察院关于办理贪污贿赂刑事案件适用法律若干问题的解释》第十六条规定："国家工作人员出于贪污、受贿的故意，非法占有公共财物、收受他人财物之后，将赃款赃物用于单位公务支出或者社会捐赠的，不影响贪污罪、受贿罪的认定，但量刑时可以酌情考虑。"

（三）C 部分条款的适用性

长期以来，许多利益相关者把原守则的 B 部分（执业的职业会计师，PAPPs）和 C 部分（工商业界职业会计师，PAIBs）解读为分别针对不同职业会计师的两组规定，认为其目的在于解决每一类职业会计师可能遇到的道德问题，各自的条款是不相通的。从内容来看，由于 B 部分的规定只针对执业的职业会计师接受来自客户的利益诱惑，而 C 部分中对工商业界职业会计师涉及引诱的范围更广，因此就两类职业会计师从事的业务领域和工作形式上看，这样理解是没有错误的。但是在某些情况下，针对工商业界职业会计师的规定可能与执业的职业会计师相关，原版守则 100.12 在介绍基本原则的内容时也表述了这一观点，即"守则的 B 部分和 C 部分分别解释了对执业的职业会计师和工商业界职业会计师造成威胁的类别。执业的职业会计师或许会找到与他们特定环境相关的 C 部分"。在 2018 年 4 月发布的结论依据中，国际会计师职业道德准则理事会承认问题的出现源于守则自身，如 100.12 陈述中使用"可以"（may）而不是"应当"（shall）导致执业的职业会计师认为 C 部分中的规定是可选的。考虑到在特定情况下，执业的职业会计师可能遇到与工商业界职业会计师类似的情形（例如，因雇佣单位内部压力而提供利益诱惑），国际会计师职业道德准则理事会提出应增强现有 C 部分利益诱惑条款的适用性，尽可能使适用于工商业界职业会计师的条款在特定情况下也适用于执业的职业会计师。新守则 300.5A1 分别从利益冲突、编报财务信息、供货商提供利益诱惑等不同的角度对工商业界职业会计师部分条款适用于执业的职业会计师的情况进行了举例。例如，当会计师的一个直系亲属成员负责为公司选择供应商时可能从合同中获益，这样就会面临利益冲突，第 210 条的要求和应用材料就适用于这种情况。不仅如此，新守则概念框架还删除了 120.6A3 的内容，同时还明确指出，在职业会计师处理道德问题时，应考虑事项所处的情况或产生的背景（R120.4，R300.5），尽可能使适用于工商业界职业会计师的规定和内容也同样适用于执业的职业会计师。如果执业的职业会计师是按照会计师与公司的关系展开业务活动，那么他应该遵守 Part 2（工商业界职业会计师，PAIBs）中的相应规定，从而加强了条款的通用性，更便于守则的制定和执行。

（四）防范措施

由于某些防范措施只是对现有质量控制和审计准则要求的简单重复，对具体业务而言并没有起到真正的指导和保障作用，因此根据各利益相关者特别是监管者的建议，国际会计师职业道德准则理事会自 2015 年 1 月开始对防范措施进行修订，旨在修订原守则中被认为是不清楚的部分并消除不恰当的或无效的内容，以更好地将每项防范措施与它试图解决的威胁联系起来，从而提高其清晰度、适当性和有效性。2015 年 12 月，国际会计师职业道德准则理事会发布了守则中关于防范措施的修订建议——阶段 1（Safeguard ED—1），提出了一个增强的且更为稳健的概念框架（新守则"第 120 节概念框架"），以及与概念框架应用于执业的职业会计师有关的相应变化（新守则"第 300 节应用概念框架——执业的职业会计师"）。随后，阶段 2 和有关的一致性修订（Safeguard ED—2）于 2017 年 1 月发布，这部分内容以阶段 1 加强的概念框架为基础，对影响独立性的非鉴证服务（NAS）和其他部分的防范措施做了进一步说明。

与原守则相比，增强的概念框架不仅全面考虑了可能会威胁会计师遵守道德规范的情况，包括专业胜任能力和应有的关注、利益冲突、违反基本原则的压力和利益诱惑等，而且对威胁和防范措施提出了更为明确的要求，在每一章节都有改进的应用材料用以解释如何识别、评价和解决对遵循基本原则和独立性产生的威胁，从而在防范措施与客观性、保密等基本原则之间实现了高度的关联。例如，R120.5（b）要求职业会计师在应用概念框架时对"新的信息和事实及情况的变化保持警觉"，应用材料解释了保持警觉有助于职业会计师确定新的信息是否出现或事实和环境是否发生变化（120.9A1~120.9 A2），会计师对有关威胁的性质和重要程度等具体事实和情况的理解以及实施的职业判断对确定防范措施的适当性和有效性都至关重要。作为应对威胁的三种方式①之

---

① 三种方式分别为：（1）消除造成威胁的环境，包括利益或关系；（2）当可用而且能够应用时，通过使用防范措施将威胁降低至可接受水平；（3）拒绝或终止具体的职业活动。

一，R120.10（b）要求职业会计师"当可用而且能够应用时，通过使用防范措施将威胁降低至可接受水平"，可见防范措施可以用于降低威胁至可接受水平（120.10A2），但是无法彻底消除威胁。尽管如此，与防范措施有关的修订几乎影响了守则的所有部分。例如，在评价阶段重新定义并突出强调"可接受水平"这一重要术语（R120.7），强化对"合理且知情的第三方"测试的描述并提供更多的应用材料（R120.5，120.5A4），以及为了与防范措施所描述的"审阅"一词含义相一致，国际会计师职业道德准则理事会在300.8 A2解决自我评价威胁中将原有的"适当的专业人士"（professional）改为"适当的审核人员"（reviewer）。此外，针对特定的威胁类别，国际会计师职业道德准则理事会还对可能成为防范措施的行为例证进行了改进，如由或有收费产生的自利性威胁（330.4A2~330.4 A3，410.12A2~410.12 A3，905.9A3）、介绍费或佣金产生的自利性威胁（330.5A2）、与审计客户的个人长期关系产生的密切关系或自利性威胁（540.3A6，940.3A6）以及税款计算产生的自我评价威胁（604.5 A1~604.6 A1）等。

（五）职业怀疑和职业判断

作为投资者资本使用情况的监督者，职业会计师有责任确保高质量的财务报告，通过持续质疑所考虑的事实、决定或行为是否符合客户的最佳利益，是否符合道德规范，保护着最广泛的利益相关者的利益，这也是他们被视为公众利益守护者的原因，也是必须避免追求个人利益的原因所在。如果没有上述持续的职业怀疑精神，职业会计师将不能以一个可信任的专业人士的水平为客户或者社会提供服务。国际会计师职业道德准则理事会一直秉承着应消除任何影响职业判断或职业怀疑以及损害其职业道德的利益冲突或将其发生的概率降至最低的理念。包括国际审计与鉴证准则理事会、国际会计师职业道德准则理事会和国际会计教育准则理事会在内的三方代表在 2015 年组成了职业怀疑工作组（Professional Skepticism Working Group，PSWG）。根据反馈意见，该工作组建议国际会计师职业道德准则理事会为从事审计、审阅和其他鉴证业务的职业会计师提供指导，用于解释如何在这类业务中遵守基本原则以实施职业怀疑。

作为对建议的回应，国际会计师职业道德准则理事会对原守则中与职业怀疑有关的应用材料进行了补充。例如，120.13A1 增加了"职业怀疑和第 110 节中描述的基本原则是相互联系的概念"，这样就明确了职业怀疑与职业道德的五项基本原则是高度关联且内在一致的。同时，120.13A2 中每个具体的示例也都阐述了诚信、客观性、专业胜任能力和应有的关注等基本原则是如何支持职业会计师实施职业怀疑的。职业判断方面除了专业术语与现有守则及国际审计准则（ISA）更为一致外，主要强调为理解事实和环境提供指导。例如，职业判断实施包括三部分内容，分别是守则环境下实施职业判断涉及的内容（120.5A1）、理解已知的事实和情况是适当应用概念框架的先决条件（120.5A2）以及职业会计师在实施职业判断时可能考虑的事项举例（120.5 A3）。

新版守则进一步完善了利益诱惑方面的相关内容，突出了在执行审计、审阅和其他鉴证业务时适用的国际独立性标准的重要性，更加关注并强调诚信、客观性、保密等五项基本原则在履行服务公众利益责任中的核心作用，特别是概念框架法推动的以原则导向（principles-based）为基础的职业道德守则有利于将各项基本原则逻辑一致地运用于具体规则中，避免了"在规则上没有被禁止但并非允许的行为"并能将对遵守基本原则产生的威胁降低至可接受水平（Heath，2007），使守则对不断变化的外部环境具有更强的适应性，减少了不完全契约引发的效率损失。而概念框架针对所有职业会计师提供的防范措施均包括识别不利影响、评价不利影响与应对不利影响三个核心概念，即要求会计师以"可能影响基本原则及独立性得到有效遵循的潜在风险"为主线对其进行识别、评价和应对，因此职业道德概念框架又隐含着深刻的风险导向逻辑（陈汉文和韩洪灵，2020）。从有效性来看，除了利益诱惑部分与法律法规及政府监管有较多的交叉外，国际职业会计师道德守则主要通过强化自我履行机制来缩小期望差距，从而使会计行业能够以公众利益行事，这不仅能够提高信息的可靠性，也增强了社会公众对会计行业的信任。相比以往修订，2019 年版守则可以说是历年来变动最大的一次，它通过积木式方法（building blocks approach）的重构在以下三个方面实现了突破：一是强化了职业道德的概念框架，强调会计师应通过该框架来识别、评价并应对遵循职业道德基本原则所面临的困难和威胁；二是在会计师事务所与审计客户保持长期业务关系时，更加强调合伙人轮换制度对独立性的重要作用；三是强调在面对压力和诱惑时，会计师应如何坚守职业道德。

五　小结

国际会计师职业道德准则理事会通过制定并实施职业道德守则，进一步明确并完善了会计师对公众利益的责任。在对道德守则的历次修订中，既有直接对审计和审阅业务的独立性条款展开的修订，也有间接的指导或示例将违反客观性、诚信、职业行为等基本原则而产生的自身利益威胁、密切关系威胁和外在压力威胁等予以消除或降低至可接受水平。作为间接控制、保证并提高会计信息质量的一种规则或制度安排，虽然每次修订的内容不尽相同，但是守则的体例结构在不断优化，具体内容的可理解性和可使用性也在不断增强，就整体来看无论是系统性、应用性还是逻辑性都得到了极大提升。由于诚信有助于增强会计行业的信任和声誉（Richardson，2018），因此虽然经过多次修订，但是国际职业会计师道德守则中的五项基本原则一直保持不变，而且始终把诚信放在原则的首位（West，2018b），强调了诚信（包括正直和诚实守信）作为一个道德标准的重要性。当然，就道德守则的具体内容来看，也存在一定的不足。以五项基本原则为例（见表6-2），由于是原则性的规定和简单的注释，因此会计师在执行职业道德守则时就可能存在不足或过度行为。例如，遵循"诚信"原则的最佳道德规范是诚实和透明，但是在实际的信息披露过程中也会出现误导性陈述这一不足和为了防止违背诚信原则的要求而进行过度披露的行为，导致利益相关者出现判断错误并对其行为产生重大影响。类似地，"客观性"原则的本意是对业务或交易事项进行公允且可靠的陈述，但是在具体执行中，由于可靠性包括真实性、可验证性和中立性，因此有时客观性的描述反而会使得报表的可靠性降低（如银行等金融机构财务报表中的一些贷款形态），反过来讲，由于缺少规则性条款指导，会计师在遵循客观性原则时没有可供参考的具体标准或依据，因此就可能做出出具基于规则的报表这一过度行为。"专业胜任能力和应有的关注"原则的最佳道德规范是希望会计师能够具备相应的水平，在遵循行业准则和技术规范基础上提供基于相关数据的报表，但是会计师为了展现其较高的业务能力和水平，通常会产生过高的成本。在"保密"原则下，适当的保密行为能够为公众提供有用的信息和决策依据，但是如果会计师在执行业务中过于保密，就会出现信息披露太少或不充分的情况。"职业行为"也是如此，良好的职业行为能够遵守有关的法律法规要求，尽可能避免发生损害职业声誉的行为，但是过犹不及，如果会计师过于谨慎，就会导致工作缺乏灵活性，反之则会引发社会公众的不可信。

表6-2 对五项基本原则的讨论

五项基本原则	不足 （deficiency）	最佳道德规范 （optimal ethical）	过度行为 （excess）
诚信 （integrity）	误导性陈述 （misleading statements）	诚实和透明 （honesty and transparency）	过度披露 （too much disclosure）
客观性 （objectivity）	不可靠的报表 （unreliable statements）	公允且可靠的陈述 （fair and reliable representations）	基于规则的报表 （rules-based statements）
专业胜任能力和应有的关注 （professional competence and due care）	过失性的虚假陈述 （negligent misrepresentation）	基于相关数据的报表 （statements based on relevant data）	过高的成本 （excess costs）
保密 （confidentiality）	违反保密性的条款 （breach of confidentiality）	有用的工作产品 （useful work product）	信息披露太少 （too little disclosure）
职业行为 （professional behavior）	不可信 （untrustworthiness）	信誉 （credibility）	缺乏灵活性 （inflexibility）

除此之外，虽然在守则的制定和实施过程中还存在诸如未能平衡好执业的职业会计师和工商业界职业会计师的需求、修订时间过长降低了准则的及时性、在不同的司法管辖区和不同的社会之间公众期望的标准也有所不同以及由于机构自身原因影响准则制定的独立性等一系列问题，但不可否认的是，职业道德守则的基本原则应适用于不同国家的会计专业组织，公认且高质量的职业道德守则由于强调公众利益，因而有利于增强全球经济增长的信心并有助于金融市场的稳定（IFAC，2020）。随着法律法规的变化和技术的不断优化更新，如果要得到各个国家及成员组织的广泛认可，一方面国际会计师联合会应进一

步扩大所属成员群体（国际会计师联合会的成员资格是各个国家或地区自愿加入的，只能要求属于这些团体的专业人员遵守国际标准），及时扩展国际职业会计师道德守则的应用范围；另一方面也必须了解可能阻碍守则执行或实施的因素，通过确定这些影响因素并解决存在的问题，进一步增强国际职业会计师道德守则的可接受性和有效性。

第七章 中国注册会计师职业道德守则变迁分析

与欧美等发达国家较为成熟的资本市场相比，我国资本市场的起步时间较晚，加上所特有的基本国情和经济制度，国内各种规范体系都是在不断地探索中逐步发展和完善起来的。自 1988 年中国注册会计师协会（CICPA）成立以来，一直都非常重视注册会计师的职业道德规范建设，并在 1992 年 9 月首次发布了《中国注册会计师职业道德守则（试行）》。随后经财政部批准，在 1996 年 12 月发布了《中国注册会计师职业道德基本准则》，2002 年发布了《中国注册会计师职业道德规范指导意见》，2009 年 10 月发布了《中国注册会计师职业道德守则》和《中国注册会计师协会非执业会员职业道德守则》。最新版的职业道德守则于 2020 年 12 月发布，由《中国注册会计师职业道德守则》和《中国注册会计师协会非执业会员职业道德守则》两部分构成。由此可见，我国在 20 世纪 90 年代初期才开始试行会计职业道德准则，不仅开始较晚，发展也较为缓慢。本章结合几次道德守则的修订内容，通过系统梳理我国注册会计师职业道德守则的变迁路线，以期发现其内在逻辑和变化规律。

一 建立框架体系，法律与职业团体双重规范并行

1992 年发布的《中国注册会计师职业道德守则（试行）》由七部分构成，包括"第一章总则"、"第二章基本要求"、"第三章业务能力和技术守则"、"第四章对委托单位的责任"、"第五章对同业的责任"、"第六章业务承接"和"第七章附则"。其中，守则在"第二章基本要求"中提出了独立、客观、公正和廉

洁这四项注册会计师应遵循的基本原则，并进行了相应的解释。不仅如此，后续各章节也提出了对注册会计师的业务能力要求，并规定了注册会计师对客户和同业应承担的责任等。当然，由于受当时的管理体制、组织方式和经济发展程度的限制，这版守则也存在很多问题。首先，体系构成相对较为简单，主要强调了对客户和同业的责任，缺乏对社会责任和公众利益的关注。其次，部分规定只是停留在概念层面，既没有对注册会计师执业明确提出理想的最高标准要求，也没有规定他们必须达到的最低水平或最起码的职业道德标准，对具体规则没有做进一步的解释和说明，缺少对违反职业道德守则的惩戒措施，可操作性或者说应用性较差。再次，虽然在框架和内容方面与美国注册会计师协会发布的《职业行为守则》上有类似的地方，但是与国际职业会计师道德准则相比仍存在较大的差距，守则中的概念定义和具体内容略显粗糙，例如，把客观原则解释为"是指注册会计师对有关事项的调查、判断和意见的表述应当实事求是……不允许因成见或偏见影响其分析、处理问题的客观性"，将本应属于"第二章基本要求"的内容"专业胜任能力和应有的关注"纳入"第三章业务能力和技术守则"中、将"保密"纳入"第四章对委托单位的责任"中、将"良好职业行为"纳入"第五章对同业的责任"中等。最后，由于我国先后在 1993 年、1995 年和 1998 年才颁布了首部《中华人民共和国注册会计师法》和《中华人民共和国公司法》、第一批《中国注册会计师独立审计准则》和首部《中华人民共和国证券法》，发布时间都晚于试行版职业道德守则，因此守则内容中也没有考虑与其他准则或法律体系的一致性或协调性。尽管这一版职业道德守则是试行版而且存在上述诸多不足，但是就当时所处的环境来看，它无论在结构还是在具体规范方面都已经基本搭建起并初步形成了我国注册会计师职业道德守则的整体框架体系，其重要意义在于为 1996 年职业道德守则的修订和完善奠定了文本基础。

以 1992 年试行版职业道德守则为基础，1996 年中国注册会计师协会发布了新版的《中国注册会计师职业道德基本准则》。改版后的准则由"第一章总则"、"第二章一般原则"、"第三章专业胜任能力与技术规范"、"第四章对客户的责任"、"第五章对同行的责任"、"第六章其他责任"和"第七章附则"构成，除了第二章、第三章、第四章、第五章和第六章等个别章节名称略有调整外，该版职业道德准则基本沿用了上一版本的体系结构。从内容方面看，总则部分将《中华人民共和国注册会计师法》中的第十八条、第十九条、第二十二条和第二十三条等部分条款纳入进来；一般原则中删除了与后面内容冲突的廉洁原则，仅保留了独立、客观和公正三项基本原则，并给予了详细、充分的解释；专业胜任能力与技术规范部分的结构更为简明清晰，包括专业胜任能力与技术规范的总体要求、承办业务和执行业务三部分；对客户的责任主要由履约与保密和或有收费三部分构成。相比而言，1996 年发布的这版职业道德基本准则开始接近美国注册会计师的职业行为守则，不仅在体系构建方面有所改进，各章节内容也更具层次性和条理性。

二　强化独立性要求，全面应用概念框架法

在经济全球化的背景下，我国经济步入了快速发展时期。面对新的形势和要求，各项制度及业务规范也在持续地进行深化和完善。根据我国多年职业道德建设的成功经验，在充分借鉴国际会计师联合会最新发布的职业道德守则的基础上，中国注册会计师协会在 2009 年分别针对执业会员和非执业会员发布了《中国注册会计师职业道德守则》和《中国注册会计师协会非执业会员职业道德守则》（以下简称"守则"），自 2010 年 7 月 1 日起施行。此次发布的新版守则，框架体系进行了大幅调整，《中国注册会计师职业道德守则》由之前的七个章节精简为五个部分，分别是《中国注册会计师职业道德守则第 1号——职业道德基本原则》、《中国注册会计师职业道德守则第 2 号——职业道德概念框架》、《中国注册会计师职业道德守则第 3 号——提供专业服务的具体要求》、《中国注册会计师职业道德守则第 4 号——审计和审阅业务对独立性的要求》和《中国注册会计师职业道德守则第 5 号——其他鉴证业务对独立性的要求》。同时，在内容方面也进行了全面更新，尤其从不同方面强化了独立性的要求，包括：（1）将对独立性的要求从上市公司扩展到所有涉及公众利益的实体；（2）对事务所特定员工跳槽至涉及公众利益的审计客户并担任特定职位，做出冷却期的要求；（3）将合伙人轮换要求扩展至所有关键审计合伙人；（4）加强对审计客户提供非鉴证服务的部分规定；（5）如果对某一涉及公众利益的审计客户的全部收费连续 2 年超过事务所全部收费的

15%，要求在发表审计意见之前或之后进行复核；（6）禁止将关键审计合伙人的薪酬或业绩评价与其向审计客户推销的非鉴证服务直接挂钩。总体来看，该版守则主要凸显了以下四个方面的特点。

（一）对注册会计师可能涉及的道德行为进行了全面的规范

相比上一版内容，新版守则涵盖了注册会计师在执行业务过程中可能遇到的与保持职业道德相关的情形，包括业务承接、接受客户关系、变更委托、收费报价、专业服务营销的开展等，并在具体要求中分别针对不同环节提出了明确的规定和要求。

（二）强调了注册会计师的社会责任并提出更高要求

守则在其第 1 号文件"第一章总则"的第二条明确指出，"注册会计师应当遵守本守则，履行相应的社会责任，维护公众利益"，同时第三条着重强调要遵循诚信、客观和公正原则以在执行业务时保持独立性。在守则的第 3 号、第 4 号和第 5 号文件中，对于注册会计师如何保持独立性，如何更好地处理与审计客户的利益冲突，切实做到诚信、客观和公正执业，做出了详细的指导。特别对于像上市公司审计这一类涉及公众利益的项目，守则向注册会计师提出了更高的职业道德要求。

（三）对注册会计师执业过程中遇到的道德问题提供了具体的方法指导

守则围绕注册会计师的独立性，通过采用概念框架法，分别从会计师事务所为审计客户提供非鉴证业务、长期为同一客户服务、审计员工拟到审计客户单位任职、审计收费、薪酬和业绩评价政策等不同方面，就如何识别对职业道德产生不利影响的情形，如何评价各种情况下对职业道德的影响和危害程度，以及注册会计师应当采取何种有效的防范措施来解决这些不利影响提供了具体的方法指导。例如，在《中国注册会计师职业道德守则第 4 号——审计和审阅业务对独立性的要求》的第三章第五十条有关会计师事务所、审计项目组成员或其主要近亲属因自身利益、密切关系或外在压力产生不利影响时，守则列出了"经济利益的重要性""经济利益是否使得投资者能够控制该实体，或对其施加重大影响"等四条判断不利影响存在与否及其严重程度的标准，并提出了将拥有该经济利益的审计项目组成员调离审计项目组或由审计项目组以外的注册会计师复核该成员已执行的工作两个具体的防范措施。

（四）基本实现了与国际职业会计师道德守则的趋同

2008 年全球金融危机后，各国都对本国的职业道德准则进行了重新审查。作为主要依靠职业判断的注册会计师应当如何应对不断出现的新业务，适应快速变化的执业环境成为监管组织和准则制定机构重点考虑的问题。在国际会计师联合会鼓励各国政府采用和实施共同的国际标准，并加快对国际职业会计师道德守则的修订进程的背景下，为了更快融入全球经济发展，更好地促进并指导我国注册会计师职业道德行为，该版守则无论是框架体系、制定导向、对注册会计师的所有业务规范要求还是对独立性的强调等，都无不体现出了与国际职业会计师道德守则全面趋同的趋势，这也进一步验证了我国注册会计师行业长期以来秉承的以"诚信为本、操守为重"的职业理念和坚守的"独立、客观、公正"的职业原则。新版守则的发布实施标志着一套既能体现我国注册会计师行业管理和发展要求，又能满足国际趋同需要的注册会计师职业道德规范体系的形成。

三　强调维护公众利益，实现与国际
守则的全面动态趋同

作为国际会计师联合会的成员组织，包括美国注册会计师协会、英国特许公认会计师公会、加拿大特许专业会计师协会、中国注册会计师协会等在内的世界各地的专业会计组织机构，都在致力于使各国的道德守则与国际会计师联合会守则保持实质性的一致。为了更好地与国际职业会计师道德守则保持持续动态的趋同，中国注册会计师协会于 2020 年 12 月 18 日发布了最新修订的《中国注册会计师职业道德守则》和《中国注册会计师协会非执业会员职业道德守则》。在继续沿用 2009 年版框架结构的基础上，除了个别前后顺序有所调整外，新版守则的基本原则和概念框架对构成章节也进行了重要调整，以变化较大的《中国注册会计师职业道德守则第 1 号——职业道德基本原则》和《中国注册会计师职业道德守则第 2 号——职业道德概念框架》为例，具体变动情况如表 7-1、表 7-2 所示。

表 7-1　《中国注册会计师职业道德守则第 1 号——职业道德基本原则》

2009 年版	2020 年新版
第一章　总则	第一章　总则
第二章　诚信	第二章　职业道德基本原则
	第一节　一般规定
	第二节　诚信
	第三节　客观公正
	第四节　独立性
	第五节　专业胜任能力和勤勉尽责
	第六节　保密
	第七节　良好的职业行为
第三章　独立性	第三章　职业道德基本原则与职业怀疑
第四章　客观和公正	第四章　违反职业道德守则
第五章　专业胜任能力和应有的关注	
第六章　保密	
第七章　良好的职业行为	
第八章　附则	

表 7-2　《中国注册会计师职业道德守则第 2 号——职业道德概念框架》

2009 年版	2020 年新版
第一章　总则	第一章　总则
第二章　对遵循职业道德基本原则产生不利影响的因素	第二章　职业道德概念框架
	第一节　一般规定
	第二节　识别对职业道德基本原则的不利影响
	第三节　评价不利影响的严重程度
	第四节　应对不利影响
第三章　应对不利影响的防范措施	
第四章　道德冲突问题的解决	
第五章　附则	

从表 7-1、表 7-2 中可以看出，新版守则不仅将散落于各章的原则要求统一整合到了基本原则中，而且将 2009 年版守则中的第二、三、四章按照识别、评价和应对的次序纳入职业道德概念框架里，使得整个守则结构更为紧凑。以原有《中国注册会计师职业道德守则第 1 号——职业道德基本原则》中变动较大的"第二章诚信"为例，这一部分在新版守则中变更为"第二章职业道德基本原则"并将 2009 年版守则中的第二章至第七章隶属于原则的内容归纳其中。之所以进行这一较大幅度的调整，原因就是我国近年频发的舞弊事件不仅严重影响了资本市场的公平、公正和有效运行，也给投资者造成了巨大损失。以"第二章职业道德基本原则"中"第一节一般规定"的"第七条（三）独立性"和"第七条（四）专业胜任能力和勤勉尽责"为例，近几年就出现了康美药业、康得新、亚太事务所和瑞幸咖啡等违背上述职业道德原则的诸多案例。其中，被誉为 A 股高增长神话的康美药业自 2002 年上市以来，一直保持较快的增长速度，其最高市值曾达到 1500 亿元左右。然而，2018 年，康美药业因为一直采用虚假银行单据虚增存款、伪造业务凭证进行收入造假导致 300 多亿元的虚增货币资金，以及不存在的土地、注水项目、隐瞒地产关联交易和虚增无形资产等手段粉饰报表，使其高速增长的神话破灭，市值跌去 90% 以上。尽管如此，为康美药业提供审计服务的广东正中珠江会计师事务所（特殊普通合伙）在 2015~2017 年年报中仍出具了"标准的无保留意见"，只有 2018 年年报出具的是"无法表示意见"，不过此时康美药业已深陷财务造假危机中。因在康美药业审计业务中涉嫌违反相关法律法规，中国证监会在 2018 年底对其审计机构广东正中珠江会计师事务所（特殊普通合伙）展开了立案调查，广东正中珠江会计师事务所（特殊普通合伙）以及时任康美药业年审的注册会计师杨文蔚、张静璃、刘清和苏创升由于涉嫌未勤勉尽责受到了严厉处罚。随后在康得新案中，负责审计的瑞华会计师事务所（特殊普通合伙）为了自身利益和长期的业务关系给会计师施压，从而使注册会计师丧失独立性，出具了不真实的审计报告。不仅如此，在已有迹象和客观证据都表明康得新存在大量的担保瞒报和高额关联交易，以及对于坏账准备占比较高、大量虚增利润的情况，审计人员并未在工作底稿中进行分析，也没有进行相关的细节测试，而是直接出具了无保留审计意见，其缺乏专业胜任能力直接造成了审计失败。由于对康得新业绩的真实性存疑，中国证监会在 2019 年 7 月进行了立案调查，瑞华会计师事务所（特殊普通合伙）和康得新的相关负责人因明显未履行勤勉尽责的义务受到了证监会行政及市场禁入的处罚。2019 年，深圳证监局在对亚太（集团）会计师事务所（特殊普通合伙）及其审计报告的签字注册会计师韩显、吴平权出具警示函的决定书中指出，该事务所在对深圳海斯迪能源科技股份有限公司年报进行审计时，不仅多项审计程序执行不到位，而且其签字注册会计师未实际参与审计工作，工作底稿中无二人的复核记录，也没有项目组的讨论记录。在 2017 年年报审计工作底稿的业务承接评价表、独立性调查问卷、独立性声明、审计计划、审计总结和重要性评价表等多个重要文件中都显示韩显和吴平权两位签字注册会计师没有签字，勤勉尽责这个职业道德的基本原则对于他们而言形同虚设。除了康得新案注册会计师违反独立性外，违反独立性原则的另一个更具典型性的案例就是瑞幸咖啡。2020 年 4 月，被称为"中概股奇迹"的瑞幸咖啡因 2019 年财务数据造假高达 22 亿元导致股价暴跌 80%。中国证监会联合财政部、国家市场监管总局等部门对瑞幸咖啡境内的运营主体及关联企业的会计信息质量和涉嫌违法违规行为展开了调查，瑞幸咖啡通过虚增产品销售量、夸大商品销售单价、虚增广告费用以及虚增其他产品收入进行造假的方式被公之于众，并因违反了我国《会计法》和《反不正当竞争法》的相关规定而受到了 6100 万元的行政处罚。此案中，瑞幸咖啡的会计人员受其 CEO 钱治亚和 COO 刘剑的指使对财务数据进行造假，违背了会计人员应遵循的诚信原则，难辞其咎。尽管瑞幸咖啡已对涉事高管和员工进行了停职调查，但是仍面临着股东集体诉讼和美国司法部的刑事调查。不仅如此，瑞幸咖啡因诚信原则的失守还引发了继 2010~2012 年第一次中概股信任危机后的第二次中概股信任危机，并直接导致美国国会表决通过了《外国公司问责法案》。瑞幸咖啡造假事件引发了人们对于会计师职业道德的关注，会计人员必须意识到无论在什么情况下都不应迫于压力而违反诚信原则，诚信才是立身之本，无诚信则不会计。

除了结构外，守则内容也在突出我国特色的同时（例如，针对目前我国注册会计师行业的实际情况，新版守则依旧保留了原守则中关键审计合伙人任职期限不得超过 5 年的规定，以加强独立性要求，保证注册会计师的服务质量），与国际职业会计师道德准则也保持全面的一致性，通过修订利益诱惑相关术语、增加应对违反法律法规行为内容并细化非执业会员编报信息等部分采用的方式（partially adopted）吸收借鉴了国际职业会计师道德守则的最新内容，更加强调采取符合公众利益的应对措施，包括更加严格限制关键审计合伙人在冷却期内从事相关行为、指定专门岗位或人员对关键审计合伙人的轮换情况进行实时监控以及每年对轮换情况进行复核并在全事务所范围内统一进行轮换等。具体来说，主要修订内容如下。

（一）进一步完善了职业道德概念框架的内容

职业道德概念框架的作用在于，如果注册会计师发现可能违反职业道德基本原则的情形，应当首先识别该情形可能对职业道德基本原则产生的不利影响，然后评价不利影响的严重程度，如果超出了可接受的水平，则注册会计师有必要采取防范措施消除该不利影响或将其降低至可接受的水平。为了给注册会计师执业过程中遇到的职业道德问题提供更好、更全面的解决思路和方法，《中国注册会计师职业道德守则第 2 号——职业道德概念框架》对原有版本中的防范措施做了进一步的修改，通过举例的方式系统梳理并总结了对不利影响的防范措施，提高了可能产生的不利影响与注册会计师可采取的防范措施之间的匹配度，增强了注册会计师运用概念框架来识别、评价和应对对职业道德基本原则产生不利影响的意识。

（二）扩展了对"利益诱惑"的相关规定

在新版《中国注册会计师职业道德守则第 3 号——提供专业服务的具体要求》中，将原有的"第七章礼品和款待"调整为"第六章利益诱惑（包括礼品和款待）"，并将其适用范围扩展到了娱乐活动、捐助、意图建立友好关系、工作岗位或其他商业机会等多种情况，分别对不当影响行为意图和无不当影响行为意图两种情况下的利益诱惑以及主要近亲属或其他近亲属提供和接受利益诱惑做出了详细规定。这不仅为注册会计师提供和接受利益诱惑明确了界限，也为如何应对利益诱惑提供了方向性指引。

（三）增加了与应对违反法律法规行为和为审计客户提供非鉴证服务相关的规定

在新版《中国注册会计师职业道德守则第 3 号——提供专业服务的具体要求》的"第八章应对违反法律法规行为"中，职业道德概念框架分别就执行财务报表审计时和提供其他服务时应对违反法律法规行为提出了具体要求，强调注册会计师应采取符合维护公众利益的应对措施。在《中国注册会计师职业道德守则第 4 号——审计和审阅业务对独立性的要求》的"第十六章为审计客户提供非鉴证服务"中，进一步明确了在提供非鉴证服务过程中涉及管理层职责的范围，并为注册会计师如何避免承担管理层职责提供了解决问题的基本思路，增强了守则的针对性和可操作性。

（四）强化并修订了与会计师事务所长期审计某一客户及与关键审计合伙人冷却期相关的规定

为了确保有效遵循独立性原则，新版《中国注册会计师职业道德守则第 4 号——审计和审阅业务对独立性的要求》的"第十五章与审计客户长期存在业务关系"中明确要求事务所应当制定政策和程序，由专门岗位或人员对其连续为公众利益实体审计客户执行审计业务的年限实施跟踪和监控，以识别和评价因长期连续为某一公众利益实体审计客户执行审计业务可能对独立性产生的不利影响，并提出了适用的防范措施来应对这一不利影响。同样在第十五章中，出于强化独立性的考虑，新版守则将原守则中关键审计合伙人统一为两年的冷却期的规定根据合伙人类型的不同分别调整为五年（项目合伙人）、三年（项目质量复核人员）和两年（其他关键审计合伙人）。

四 小结

中国注册会计师协会发布的职业道德守则通过认真分析我国注册会计师行

业诚信建设实践中存在的突出问题，充分总结并体现了我国注册会计师行业建立以来积累的经验，对注册会计师承担独立审计以及相关专业服务涉及的职业道德理念进行了系统性的阐述，同时还对中国注册会计师非执业会员面临的职业道德问题提出了要求。按照国际趋同的标准规范我国会计行业的职业道德行为，充分体现了对公众利益高度负责的精神，不仅有助于提高注册会计师的服务质量和一致性，也极大地推动了我国职业道德守则的完善和发展。当然，在各国不同的基本国情和历史背景下，与国际准则的趋同是一个循序渐进的过程。随着我国新《证券法》的实施和注册制改革的全面推进，资本市场的生态环境将发生巨大变化，利益关联度和公众期望的日益提升更是对会计师职业道德提出了新的要求。根据最新版国际职业会计师道德守则的变化趋势和特点，结合我国 2020 年发布的职业道德守则的内容体系，本书认为还有以下几个方面有待改进和完善。

（一）进一步明确基本原则与概念框架的关系

在遵循基本原则、概念框架、守则或规则这一基本逻辑顺序的前提下，我国职业道德守则已将职业道德概念框架作为指导注册会计师及非执业会员解决职业道德问题的思路和方法，但是在守则内容方面仍存在部分混淆的情况。基本原则部分应以诚信、客观公正、独立性等六项原则的内容和要求为主，具体的实现方法和路径以及违反基本原则的情形属于概念框架的内容，因此《中国注册会计师职业道德守则第 1 号——职业道德基本原则》中"第三章职业道德基本原则与职业怀疑"和"第四章违反职业道德守则"应列入《中国注册会计师职业道德守则第 2 号——职业道德概念框架》，不应属于基本原则的内容。

（二）加强对独立性的理解

中国注册会计师协会将 2009 年版《中国注册会计师职业道德守则第 1 号——职业道德基本原则》中的"第二章诚信"、"第三章独立性"、"第四章客观和公正"、"第五章专业胜任能力和应有的关注"、"第六章保密"和"第七章良好的职业行为"都整合到了 2020 年版《中国注册会计师职业道德守则第 1 号——职业道德基本原则》的"第二章职业道德基本原则"中。长期以来，中国注册会计师协会在《中国注册会计师职业道德守则第 1 号——职业道德基本原则》中将独立性列为一项基本原则，而国际会计师职业道德准则理事会认为由于独立性是诚信和客观公正原则的基础与实现机制，因此将其作为专门针对执业的职业会计师的概念纳入概念框架中。就本质而言，只要执业的职业会计师与客户不存在任何形式的利益关联，能够独立于各方当事人，那么就能对客户做到诚信并对业务做出客观公正的评价，因此独立性是低于诚信和客观公正层次的概念，不应列入基本原则中，而是应将其作为专门针对会计师的概念纳入概念框架中。

（三）突出职业怀疑和职业判断的重要性

不同于以往规则导向法下机械式的逐级检查（step-by-step checklist）方式，以原则导向为基础的概念框架法的制定模式为职业会计师在每种情形下识别、评价和解决威胁提供了一种逻辑方法，守则后续部分和章节中的条款在本质上是增量的（incremental），一般不重复概念框架的内容。相比之下，在识别、评价和应对对遵守基本原则产生不利影响的过程中更加需要职业怀疑和职业判断，这就对会计师的执业质量提出了更高要求。因此，有必要在守则中进一步梳理职业怀疑和职业判断与基本原则之间的逻辑关系，并在概念框架、审计和审阅业务及其他鉴证业务部分针对不同的业务和事项明确如何实施职业怀疑和职业判断以更好地遵守诚信、客观公正、良好的职业行为等基本原则，从而保证独立性的实现。

（四）整合执业和非执业会员的条款适用性

无论从职业道德守则的制定机构还是从历史演进来看，我国职业道德守则都更加侧重于注册会计师执业会员。不仅如此，从我国现行的职业道德守则的两个构成部分上判断，也会被误解为注册会计师非执业会员的道德守则规定与执业会员的道德守则规定完全不同。为了更好地提升基础会计信息的质量，针对非执业会员职业道德守则，2020 年新发布的职业道德守则中针对利益诱惑、应对违反法律法规行为、编制和列报财务信息等情况做出了与注册会计师职业道德守则类似的修订，例如扩展了提供和接受利益诱惑方面的内容，增加了与应对违反法律法规行为和非执业会员面临违反职业道德基本原则的压力相关的规定，细化了在编制或列报信息时运用自由裁量权的规定以及不得因面临其他人员施加的压力或向其他人员施加压力使自己或他人违反职业道德基本原则，等等。尽管如此，包括涉及利益冲突等在内的部分守则规定仍有改进和统一的空间。截至 2020 年 3 月 31 日，中国注册会计师协会非执业会员有 164152 人，执业会员有 108449 人。截至 2023 年 12 月 31 日，中国注册会计师个人会员 364531 人，其中执业会员 102017 人，非执业会员 262514 人。相比 2020 年 3 月 31 日，2023 年 12 月 31 日非执业会员增加了 59.9%，执业会员减少了 5.9%，非执业会员占总会员人数的比重也由之前的 60% 增加到 2023 年的 72%。[①] 随着非执业会员的增加，中国注册会计师协会应注意对非执业会员道德守则的制定和完善。特别是在注册制推行和新《证券法》实施的背景下，作为保证高质量会计信息基础的非执业会员将与资本市场"守门人"的注册会计师处于同等重要的位置，因此应尽可能在执业环境相似或业务类型相仿的情况下加强执业与非执业会员条款的通用性，降低道德守则的制定和实施成本。

（五）建立健全强制履行机制

从道德合约的履行机制和变迁的动力机制来看（陈汉文和韩洪灵，2005；韩洪灵和陈汉文，2007），当守则与现有的执业环境不匹配或者社会公众与职业会计师对守则内容理解不一致而产生公众期望差距时，职业道德守则自我履行机制的基础就会受到动摇。如果会计证券法律制度或政府对职业会计师的监管等强制措施履行不到位，那么守则的运行就会处于失衡的状态，而经济利益

---

① https：//www.cicpa.org.cn/xxfb/Media_ Fax/202405/t20240514_ 64833.html.

关联度的不断提高以及交易环境的日益复杂化更是加剧了失衡的程度。因此，道德守则变迁与否及其修订的频率、程度等在很大程度上取决于自我履行机制的基础。作为解决的途径，最有效的办法就是通过弥补期望差距来重新修订道德合约，使其理性基础得到利益相关者的认可和接纳。如同安然事件后美国注册会计师协会等职业团体对道德准则的多次修订、《萨班斯-奥克斯利法案》的颁布实施以及上市公司会计监督委员会的成立一样，当行业面临危机（IESBA，2010a）、自我管制缺乏有效性、声誉机制信号传递失灵时，就需要借助独立管制、政府管制或者法律责任等一种或多种强制手段对守则进行修正从而达到新的平衡状态。事实上，上市公司会计监督委员会的成立标志着会计行业自我监管时代的结束。

与国际职业会计师道德守则更侧重自我履行机制相比，我国职业道德守则在制定及实施过程中更偏重强制履行的方式，2020 年 3 月 1 日起实施的《中华人民共和国证券法》和 2022 年 3 月 1 日起实施的《公司法》就是有力的证明。新的《中华人民共和国证券法》和《公司法》分别通过引入高额惩罚、长臂管辖及投资者保护机构代理诉讼制度、确认股东的退股权、禁止关联交易以及赔偿因关联关系造成的损失等，加大了对投资者权益的保护力度，提高了违法成本。2021 年 9 月，国内首例公司债券欺诈发行适用普通代表人诉讼制度审理的五洋债案件，终审判决被告承担 487 名原告投资者共计 7.4 亿元赔偿责任，彰显了法律对于资本市场违法违规行为"零容忍"的态度。随着法律法规的日臻完善，会计职业道德强制履行的广度、深度和力度都得到了大幅提升，为会计职业道德守则的实施提供了强有力的外部保障。随着经济的日益多元化发展，主管机构应根据执业环境及公众需求适时更新并制定出台法律法规，进一步加大政府监管力度，通过完善职业道德守则内容及时缩小公众期望差距，使其处于平衡的运行状态。

为了进一步加强财会监督工作，促进注册会计师行业和经济社会的健康发展，更好地服务于国家治理体系和治理能力现代化，中共中央办公厅和国务院办公厅在 2023 年 2 月 15 日印发了《关于进一步加强财会监督工作的意见》，其中在第四部分"加大重点领域财会监督力度"第十五条"严厉打击财务会计违法违规行为"明确指出，要从严查处影响恶劣的财务舞弊、会计造假案件，加强对财务及会计行为的监督，严肃查处财务数据造假、出具"阴阳报告"等突出问题。加强对会计信息质量的监督，依法严厉打击伪造会计账簿、虚构经济业务、滥用会计准则等会计违法违规行为，持续提升会计信息质量。加强对会计师事务所、资产评估机构、代理记账机构等中介机构执业质量监督，聚焦行业突出问题，加大对无证经营、挂名执业、违规提供报告、超出胜任能力执业等违法违规行为的整治力度，强化对会计行业的日常监管和信用管理。随后，财政部在 2023 年 3 月 29 日印发了《注册会计师行业诚信建设纲要》，强调要增强行业诚信观念、提升执业质量，并分别从诚信标准建设、诚信教育与诚信文化建设、诚信信息采集和信息监控体系、诚信监管和评级评价制度、守信激励和失信惩戒机制以及组织保障等六个方面提出了推进行业诚信建设的工作规划。诚信是职业道德建设的核心内容和关键部分，因此在下一步工作中，应以《注册会计师行业诚信建设纲要》为依托，把注册会计师行业诚信建设的指导思想和基本原则与我国已有的会计师职业道德守则内容相结合，在分类分级构建信息监控和监督监管体系的同时，着重健全并完善守信激励和失信惩戒机制，助力注册会计师行业乃至全社会的诚信体系建设。

第八章　会计师职业道德守则变迁的
影响因素分析

　　作为决定会计师提供服务质量的重要因素之一，道德准则是对会计师在实施职业判断时与利益相关者有关交互行为方面的一种非正式约束。在将经济业务转换为会计信息的过程中，尽管业务准则能够对会计信息的生产和程序等从技术层面予以规范和直接控制，但是由于开业者的技术水平通常是外行人所无法企及的，加之委托人和受托人信息分布的严重不对称、人们所具有的机会主义动机以及效用函数的不一致性等因素导致会计舞弊和合谋行为时有发生，低劣甚至虚假的会计信息严重损害了公众利益，扰乱了资本市场秩序，因此，寻求这种职业技能和服务的人就不得不依靠开业者的声望，或者依靠开业者的职业准则（索耶，1990）。会计的判断特性和公众服务导向意味着职业基础不仅依赖标准化和监管，而且更依赖伦理蓝图和道德守则（Preston et al.，1995）。除了注重理论结构的性质外，在实务方面必须重视职业地位和道德行为规范（莫茨和夏拉夫，1990）。由于执业环境的多变性及业务的复杂多样性，会计师和利益当事人无法完全预见履行期内可能出现的各种情况，因而使得道德准则条款存在不完备的可能，职业会计师通常面临两难的困境。无论是在工商业界执业的会计师还是在事务所执业的会计师，他们所从事的行业决定了要面临个人利益、组织利益和公众利益的冲突和协调，随时都会受到所在行业的职业道德行为准则的约束（Westra，1986）。从前文对于美国会计师职业道德准则、国际职业会计师道德守则和中国注册会计师职业道德守则的变迁分析可以看出，道德守则的建立无论从纵向还是从横向来看都是一个渐进的过程。道德标准不是绝对的而是发展的，编入任何正式道德准则中的规章都必须随着时间的推移而改变（Sterrett，1907）。正如 Preston 等（1995）所言，"持续的自我完善和审查是道德主题不断被重新创造的手段"，其内容会随着时间的推移而发生变化（Jakubowski et al.，2002），职业道德守则的修订往往是对外部力量的一种回应（Lowe，1987）。作为一份社会公众与会计职业界就会计服务质量所达成的"隐性"的公共合约（陈汉文和韩洪灵，2005），会计职业道德是会计职业界对外就职业信誉和质量做出的公开承诺，即有意地"坚持理想的道德价值"，并愿意在专业团体中发挥这些价值（Gendron et al.，2006）。为了确保国际职业会计师道德守则在各国实施的效率和效果，国际会计师职业道德准则理事会在其起草和发布有关的征求意见稿中都对此做出了强调或说明，要求守则条款的制定必须考虑某些国家或司法管辖区法律的具体要求，以及不同的文化及制度背景差异。与此同时，20 世纪 90 年代以来经济的全球化发展也带动了国际准则的协调和趋同。随着各国职业道德守则或行为准则向国际职业会计师道德守则的逐步靠拢，其部分结构或内容已经基本接近国际职业会计师道德守则。除了少数完全采用国际职业会计师道德守则的国家外，由于多数国家有自己的准则制定机构（如中华人民共和国财政部、美国财务会计准则委员会）和相应的会计职业组织（如中国注册会计师协会、美国注册会计师协会），因此受职业道德守则制定过程中所在国家或地区经济、文化、法律、社会制度、哲学和民族主义等因素的影响，各国职业道德守则在实现路径、实施方法和具体内容方面也会有所差异。本章以国际职业会计师道德守则、美国会计师职业道德准则和中国注册会计师职业道德守则的内容分析为基础，就影响守则变迁的因素展开具体深入的分析。

一　文化因素

在社会学中，文化在形成和改变个人和集体社会互动方面起着重要的作用，它决定了一个国家普遍认同的信仰和适当的行为规范。

文化在定义道德准则方面起着重要的作用（Cohen et al.，1992）。例如，欧洲企业和美国企业的职业行为准则就存在显著差异，欧洲企业强调共同决定的权力以及归属感和责任感（家庭型关系），而美国的道德守则强调公平与公正。因此，试图在国际上采用统一的道德行为准则可能会导致准则过于宽泛而无效（Schlegelmilch & Houston，1989）。由于不同国家的文化差异会影响道德环境（Parboteeah et al.，2005），因此在制定国际职业会计师道德守则时应当尽可能理解其他国家的文化价值及道德准则。以 2019 年发布的《国际职业会计师道德守则》为例，考虑到在不同的国家、地区或不同的宗教信仰中各自形成的文化传统也是不一样的，对收受礼物行为及对礼品和款待的价值认识有不同的理解，因此 2019 年版守则中"第 350 节利益诱惑"在进行意图测试（intent test）时就明确指出，文化差异成为需要考量的重要因素（250.9A3）。

除了道德守则的制定内容，会计师们也认识到了在不同社会文化环境中执行或实施道德守则的困难（Treviño et al.，2006；Xu & Dellaportas，2021）。Cohen 等（1992）最早将文化视为影响国际会计师联合会准则采纳的因素，通过使用 Hofstede（2009）提出的四个文化维度对可能影响国际职业会计师道德守则接受度和有效性的因素展开了研究，结果发现，采用国际职业会计师道德守则的可能性取决于这个国家是以消费者为导向还是以监管为导向以及侧重个人主义还是集体主义的程度等，国际职业会计师道德守则更多地体现了发达国家的民族中心主义因素，对欠发达国家的文化因素缺乏敏感性。进一步地，他们又提出守则对会计师行为的影响会受到其所在国家主导的文化价值观和社会经济条件的调节和作用，这些制约因素会导致同一种准则在不同国家的影响程度和可接受程度不同，并以 Hofstede（1980）的研究为基础构建了一个评估国家文化差异对道德决策影响的框架。

鉴于国际准则的协调工作确实取得了一定成绩（Clements et al.，2009a），因此基于会计道德准则国际趋同的背景，Clements 等（2009b）针对已有研究中没有对文化和社会经济因素与国际会计师联合会准则采纳决定之间的关系进行实证检验的这一不足（Cohen et al.，1992），采用了 Hofstede（2009）提出的权力距离、个人主义、男性气质和不确定性规避四个文化维度，试图通过对 158 个国际会计师联合会成员中的 104 个组织在每个文化维度上的数据分析，解释会计组织关于采用国际职业会计师道德守则或保留其组织特有守则的决定是否受到文化差异的影响。研究结果表明，在个人主义和不确定性规避程度较高的文化中，会计组织不太可能采用国际会计师联合会发布的职业道德守则。因此，在高度个人主义和极度避免不确定性的国家或社会中，会计职业组织不太可能将道德标准的制定交由一个外部的世界性组织来执行。由于世界各地的文化因素不同，"一刀切"的国际行为准则不太可能适用于所有国家的会计组织，文化差异会阻碍全球会计道德标准的趋同。究其原因，潜在的一个可能是国际会计师联合会在其职业道德守则模型中采用了"基于原则"的方法来处理道德问题，而以原则为基础的财务报告标准或道德守则的制定方法允许专业会计人员拥有较大的自由裁量权，进行较多的自主判断，基于这一导向的制定方式并不直接适用于特定专业机构的成员（Spalding & Lawrie，2019）。这与"基于规则"的准则制定方法形成了鲜明对比。在基于规则的导向方法中，准则制定者向使用者提供了在各种可能特定情况下应该遵循的详细规则列表。在不确定性规避程度较低的文化中，会计专业人员可能会接受甚至欢迎国际会计师联合会基于原则而不是规则的制定方法所提供的灵活性（Spalding & Lawrie，2019）；而在不确定性规避程度较高的文化中，个人可能会倾向于或赞成更详细、标准化的道德规则，这些规则不鼓励甚至禁止这种灵活性的制度或准则。例如，在处理审计师独立性问题时，在不确定性规避程度较低的社会文化中，专业会计师可能更喜欢宽泛的、可解释的独立性定义。相反，在不确定性规避程度较高的文化中，会计师可能会拒绝使用那些更不确定的、需要发挥主观判断的、基于原则的方法，而倾向于使用特定的规则，例如规定审计师什么时候是独立的或者什么时候是不独立的具体条款。此外，对于为什么个人主义得分较高的国际会计师联合会成员组织也不太可能采用国际职业会计师道德守则，原因同样还是来自国际组织中以原则为基础的准则制定方法，即基于原则的道德标准制定方法需要更相互妥协、更面向共同体的思维方式，而不是更标准化、更注重个人遵守的基于规则的准则系统。

文化价值观等是影响审计意见的非正式因素（Ardelean，2013）。作为一种可以通过道德规范和（或）政府监管中颁布的标准进行监管（或自我监管）的对象（Gendron et al.，2006），审计师独立性传统上被认为是一个道德问题（Preston et al.，1995）。就本质而言，不管哪个行业负责哪类业务的会计师，都有维护公共利益的道德义务，这一点在《国际职业会计师道德守则》中有明确的表述，即"会计职业的一个显著标志就是承担为公众利益行事的责任。因此，职业会计师的责任不仅仅是满足个人客户或雇佣单位的需求"。最为重要的是，会计师应当有意识地拒绝将自己的判断屈从于客户或其他人的判断。只有这样，会计人员才能够"讲真话"并避免为自身利益行事（Carey，1946）。从"真实和公平"的道德目的出发，独立性确实是为实现上述目的的必要先决条件。事实上，如果审计师是独立的，就没有不正直或不诚实的动机。然而，由于提供审计服务的会计师事务所往往也会为客户提供其他服务，因此，保证独立性最重要的问题就是防止利益冲突和过分依赖特定客户来维持其生存的情况。

然而，独立性的先决条件在于个人是自主的人，可以根据抽象的道德守则自由地做出决定。由于与公众缺乏正式的关系或联系，个人和职业责任很难超越客户或雇主的利益，因而需要在相互依赖的关系中做出决定（Dien，1982）。在很多混合关系中，隐含着自利的互惠行为就极有代表性，即在这种自利中，会计师的动机来自人情交换所得到的利益，而且他们这种对于回报的期望是极有把握的。例如，对于注册会计师而言，尽管他们心里很清楚一些业务会对独立性产生威胁，但是会计师并不认为损害审计质量的偏袒或行为是能力或疏忽方面的问题，而是从讨好客户的意愿中反映出来的人情。因为如果注册会计师坚持独立性而发表否定审计意见或者无法表示意见，那么就会威胁到他（她）的人际关系甚至职业发展，客户会因此转而寻求其他注册会计师或更换另一家事务所签署审计意见，无论个人还是事务所的业绩都会受到很大影响。这一点也体现在定期轮换制度方面，尽管我国注册会计师职业道德守则要求对合伙人进行定期轮换，以避免执业的职业会计师与客户产生过于亲密的关系从而影响独立性，但客户还是会尽量在与他们有关系的会计师之间进行轮换（Chen et al.，2010）。进一步地，当公司主管或上级机构向会计师寻求与其专业职责不一致的帮助时，会计师的实施成本就是违反职业道德守则的原则要求。违反道德守则的成本可以通过与上级或客户的交易互惠得到补偿，这种"和谐关系"得以维持。相比之下，如果坚持职业道德守则的要求就会产生严重后果，作为弱势群体的会计师会失业，而且很难得到单位的支持和补偿。可以看出，会计师为了维护独立性可能需要付出得罪上级、客户流失甚至失去工作的极高代价，这样的话，会计师职业道德守则就失去了其存在的作用和意义。因此会计师有时会尽量在不违法以及不违背职业道德守则要求的前提下变通规则，绕过相关的规定要求，与上级主管或客户达成互惠行为。虽然彼此依赖的传统关系会通过降低交易成本、寻求更为便宜的供应商或客户、确保信息和资源的可靠性甚至绕过政府规则的方式完成交易，可能会为商业提供竞争优势，也有助于增进彼此的信任，提高效率，但不可否认的是，在这种文化下形成的人际关系对职业会计师的独立性和会计服务质量都会产生严重的负面影响。在现代社会，会计专业人员必须独立于客户和上级，并承担起维护公共利益的责任，然而在实践中将一种观念移植到不同的社会文化中是存在障碍的（Xu & Dellaportas，2021）。

可以说，文化因素影响着一个国家会计行业所处的道德环境，进而决定了所在社会的道德判断和对道德行为的认知与理解，这些外在因素和内在环境对职业道德守则的变迁产生了不同程度的影响。由于内在的基本价值观是解决各种类型问题的基础，因此要承认文化差异的重要性（Brusoni & Vaccaro，2017）。对国家或民族社会之间文化差异的理解有助于增强对会计职业道德国际概念的理解（Smith & Hume，2005）。一个正常运行并日益完善的道德准则不仅有助于发展和维护诚信、正直等传统文化，也有助于会计行业建立有效的内部控制系统，向外部利益相关者传递积极的信号。因此，在下一步工作中，有关监管和准则制定机构应充分考虑如何将文化因素这部分内容适度地纳入职业道德守则中，有针对性地提出一些关于解决人际关系问题的对策和办法，特别是如何利用不同文化的优势来限制或拒绝上级或客户的不道德甚至非法要求，增强会计师的独立性。

二　法律制度

作为一种强制性制度变迁的推动力量，在将法律标准应用于道德守则制定过程时，监管部门或制定机构应进行全面的考虑。一方面，道德的强制力比法律低，虽然法律是最低的道德要求，并为道德提供长期的指导和保障，但实际上它是处于不断变化的过程中的，也就是说，法律通常落后于社会认为合乎道德的东西。另一方面，也是更重要的一点，虽然非法活动往往是不道德的（Dacin et al.，2022），但是合法的行为也并不总是道德的，不仅一个国家的法律标准和本国道德要求之间存在很大差异，而且可能受到政治制度或传统文化因素的影响，不同司法管辖区的法律差异也要比各地区的道德守则差异大得多。正如曾任美国最高法院大法官的波特·斯图尔特所说的那样，道德是"知道你有权做什么和做什么是正确的之间的区别"。例如，由于发展中国家的法律标准没有欧洲及北美国家那么严格，一家跨国公司可能会在发展中国家以有害于生产工人健康的方式进行生产，从而对当地生态环境造成污染，这种方式尽管符合东道国或本地的法律规范要求，但从行为上讲是不道德的。

在将经济业务转换为会计信息的过程中，为了缩小可接受的会计处理或审计做法的选择范围，会计师应遵守公认会计原则和公认审计准则的要求。事实上，制定这些公认原则和准则的目的就是使根据这些原则和标准做出的选择对各利益相关者或者说公众利益是公平的。这意味着，从技术层面来讲，经过公开披露的财务报表应该从所有现有股东、未来股东、债权人、企业管理层、政府等各方的角度公正地予以呈现。就企业管理层（或事务所）、会计师和信息使用者三方制度安排来看，企业管理层（或事务所）的目标是满足中国证监会等政府监管机构的要求，获得投资者的信息，并尽可能提供一份对他们自己管理工作有利的报告；会计师的目标是赚取收入，包括服从公司上级一些不合理的要求以及尽可能取悦或留住客户等，通过遵守规则避免一些麻烦；包括投资者在内的信息使用者的目标是获得对投融资等有用的决策信息。很显然，以上三方制度安排对于会计师而言是没有足够动力去实现信息使用者的目标的。简单地说，公司管理层为了向所有者及监管部门提交业绩报告，用所有者的钱来雇用会计师为其提供服务，我们是没有理由相信这样的安排能够服务于社会公众利益的。因此，从制度安排来看，会计师处于一种尴尬的境地，本来靠取悦管理层和客户为主的业务，却最终要用于为社会公众服务，由此产生的压力可能会导致道德沦丧。近年来一系列财务舞弊或会计丑闻的发生使投资者损失惨重。注册舞弊审查师协会（Association of Certified Fraud Examiners，ACFE）发布的《2022 年全球职务舞弊调查报告》（Occupational Fraud 2022：A Report to the Nations) 显示，2022 年全球舞弊损失约为 36 亿美元，约为总收入的 5%，每起案件的舞弊损失中位数和平均数分别为 11.7 万美元和 17.8 万美元，从舞弊行为发生到被发现的平均时间估计为 12 个月，其中会计账目舞弊损失金额最大。相比 2018 年全球舞弊损失的 71 亿美元、每起案件的舞弊损失中位数 13 万美元以及从舞弊发生到被发现的平均时间估计为 16 个月（Seitz et al.，2020），虽然全球舞弊行为略有改观，但是在来自 133 个国家的 2110 个案例中，通过内部和外部审计仅仅发现了 12% 和 1% 的舞弊案例，这表明舞弊仍然是一个持续存在的问题。认识到这些案例的发生主要是由道德失败引起的，人们开始关注会计师是否能够继续履行其作为受托人以及在问责和治理系统中的领导者的职责，并使所处的会计行业受到公众进一步的质疑和监管。事实上，长期以来外界都认为会计行业的自我纠正和自我监管的力度是远远不够的。为了恢复和保持社会公众对职业会计师的信任，政府机构和监管部门出台了新的规定。作为自 1933 年《证券法》和 1934 年《证券交易法》颁布以来最重要的证券立法，2002 年发布的《萨班斯-奥克斯利法案》被广泛认为是对美国企业普遍存在的道德和法律失误的回应，当然这些失误除了企业内部腐败外，还包括金融市场监管机构、政府机构、审计机构和监管机构等的共谋行为。该法案的主要目标是通过加强公司治理和提高财务披露的透明度与可靠性来遏制欺诈，鼓励私营企业中公司员工的道德行为，尤其是公司的高管和审计师的道德行为，以更好地维护社会公众利益（Gunz & Thorne，2019）。已有研究显示，《萨班斯-奥克斯利法案》的实施增加了投资者对报告透明度的信任，在鼓励组织中的道德行为和增强道德氛围的有效性方面无可争议（Cianci et al.，2019；Brink et al.，2019；Saxton & Neely，2019）。例如，法案中的第 304 条款 "没收某些奖金和利润"（Forfeiture of Certain Bonuses and Profits）允许在财务报表重述后的 12 个月内收回支付给首席执行官和首席财务官的薪酬，作为追回条款，该规定增强了公司高管对不诚实报告的问责，为企业营造积极的道德氛围提供了制度保障（Brink et al.，2019）。不仅如此，Saxton 和 Neely（2019）在研究了《萨班斯-奥克斯利法案》对非营利部门的影响后发现，相关条款的应用确实改善了非营利组织或慈善机构的道德氛围和提升了透明度。相应地，由于大数据的生产和消费产生了新的法律和道德风险（Rouvroy，

2016），因此如果监管机构试图满足社会公众和市场的商业需求，那么就需要解决大数据的监督管理所引发的重大道德困境问题（Andrew & Baker, 2021）。以欧盟制定的《一般数据保护条例》（General Data Protection Regulation, GDPR）为代表的数据保护法规在这方面进行了大胆的尝试，以其中比较具有代表性的"第四节数据保护官"（Section 4 Data Protection Officer）第 37 条"数据保护官的委任"、第 38 条"数据保护官的职位"和第 39 条"数据保护官的任务"（GDPR，2016 年最新版）为例列示。

第 37 条　数据保护官的委任（Article 37 Designation of the Data Protection Officer）

1. 在以下任意一种情形中，控制者和处理者应当委任数据保护官：

（a）处理是公共机构或公共实体进行操作的，法庭在履行其司法职能时除外；

（b）控制者或处理者的核心处理活动天然需要大规模地对数据主体进行常规和系统性的监控；

（c）控制者或处理者的核心活动包含了第 9 条规定的对某种特殊类型数据的大规模处理和第 10 条规定的对定罪和违法相关的个人数据的处理。

2. 如果一组企业的每一个机构都能很容易联系数据保护官，这一组企业可以任命一个单独的数据保护官。

3. 当控制者或处理者是一个公共机构或公共实体时，基于它们的组织结构和规模，多个此类公共机构或公共实体可以共同委任一个数据保护官。

4. 除了第 1 段所规定的情形，在欧盟或成员国法律要求的情形下，控制者或处理者或者代表某类控制者或处理者的协会和其他实体可以委任一名数据保护官。对于此类协会或者代表控制者或处理者的其他实体的活动，数据保护官有权代表它们进行活动。

5. 数据保护官的委任必须基于其专业素质，其需要具有数据保护法律与实践的专业知识，以及完成第 39 条所规定的任务的能力。

6. 数据保护官应当是控制者或处理者或者基于服务合同而完成任务的一名职员。

7. 控制者或处理者应当发布数据保护官的详细联系方式，并向监管机构进行报告。

第38条　数据保护官的职位（Article 38 Position of the Data Protection Officer）

1. 控制者和处理者应当确保，在所有与个人数据保护相关的事项中，数据保护官都应当以一种恰当和及时的方式介入。

2. 控制者和处理者应当支持数据保护官履行第39条所规定的责任，应当提供其履行此类责任、访问个人数据、进行处理操作，以及维持其专业性知识的必要资源。

3. 控制者和处理者应当确保个人数据保护官不会收到任何关于履行此类责任的指示。个人数据保护官不能因为完成其任务而被控制者或处理者解雇。其可以直接向控制者或处理者的最高管理层进行报告。

4. 数据主体可以在所有和处理其个人数据相关的事项中，以及和行使本条例所赋予的权利相关的事项中联系数据保护官。

5. 数据保护官在完成其任务时，应当遵守欧盟或成员国的法律，负有保密义务。

6. 数据保护官可以完成其他任务或责任。控制者或处理者应当保证任何此类任务和责任不会导致利益冲突。

第39条　数据保护官的任务（Article 39 Tasks of the Data Protection Officer）

1. 数据保护官应当至少承担以下任务：

（a）对控制者或处理者，以及那些履行本条例和欧盟其他成员国数据保护条款所规定的处理责任的雇员进行告知，提供建议；

（b）确保遵守本条例、欧盟其他成员国数据保护条款和个人数据保护相关的控制者或处理者的政策，包括分配处理操作中以及相关审计中的责任、增强意识以及培训职员；

（c）根据要求，应当对数据保护影响评估以及根据第35条对其实施进行监管的事项提供建议；

（d）和监管机构进行合作；

（e）在与处理相关的事项中，包括第36条所规定的提前咨询中，以及在适用的情况下在其他所有相关事项的咨询中，充当监管机构的联系人。

2. 数据保护官在履行其任务时，应当结合处理的性质、范围、语境与目的，合理地考虑处理操作所伴随的风险。

在数据处理的第二章原则篇第五条"与个人数据处理相关的原则"（Chapter Ⅱ Principles Article 5 Principles Relating to Processing of Personal Data）中，欧盟明确要求适用 GDPR 的所有数据处理活动都需要遵守合法、公平和透明（lawfulness, fairness and transparency），目的限制（purpose limitation），数据最小化（data minimisation），准确（accuracy），存储限制（storage limitation），完整与保密（integrity and confidentiality），问责和合规（accountability）等七项数据处理原则，上面列示的第37~39条规定内容也呈现了部分原则要求，因此 GDPR 在一定程度上解决了关于数据收集和处理方面的道德问题。

作为对法律的回应，如果职业道德守则与法律发生冲突或者缺少这方面的规定要求，那么准则制定机构应做出相应的修改和更新，包括对法律条款已有规定的补充说明。① 实际上，长期以来会计行业都试图通过更严格的行为准则或解释的形式改进并完善道德指导，或通过引入更多的规范性要求来纠正与法律之间存在的偏差以弥补在专业方面的不足。从制定范式来看，由于美国所属的英美法系注重实用并以判例法为主要的表现形式，因此美国的会计准则也主要是基于规则的司法管辖区（Bennett et al., 2006）。受其影响，美国注册会计师协会长期以来制定的职业行为守则也一直遵循基于规则的方法。直到

---

① 在过去的几十年中，尽管政府部门等相关机构也进行了大量的立法和监督，但监管机构的反应基本上是被动的（Brown, 2014）。由于法律体系的原因（如美国以判例法为代表的法律体系），许多法案的制定实施缺乏指导性和可预见性，会计和财务报告的失败已经破坏了公众信任并对全球金融体系造成了不可逆转的负面影响，旨在通过限制特定失误的机会和激励来从外部影响和控制会计师的行为最终还是导致了系统性的衰退。

2011 年前后，随着美国会计准则与国际财务报告准则的趋同，制定导向逐渐向"以原则为基础"转变，作为与国际准则趋同的一部分①，职业道德守则也开始了类似的进程。从制定内容来看，20 世纪 70 年代美国司法部对会计职业道德守则中是否存在反竞争条款进行的调查以及 1977 年美国最高法院对亚利桑那州律师协会广告禁令违宪的最终判决，引发了会计职业团体修改客户招揽和广告禁令的内容，就是法律决定职业道德守则变迁的最好证明。2002 年，根据《萨班斯-奥克斯利法案》实施后美国证监会明确禁止审计师向其客户提供财务信息系统的设计和实施、内部审计外包、与审计无关的法律服务等可能会损害或影响职业会计师独立判断的非审计服务等要求，美国注册会计师协会对职业行为守则中的相应条款进行了多次修订，对会计职业的发展产生了较大影响。正如 Sarbanes 议员在 2012 年《萨班斯-奥克斯利法案》颁布十周年纪念日上指出的，"法案不应被视为独立的东西，而应是建立准则的重要组成部分，并由此产生更高的标准，更有道德的行为，从而有利于每个人"。

与上述情况类似，我国经修订后在 2017 年发布、2019 年实施的《反不正当竞争法》中明确禁止了商业贿赂，对此，2009 年版的《中国注册会计师职业道德守则第 3 号——提供专业服务的具体要求》中就没有涉及相关内容，而在 2020 年发布的新版守则中在"第六章利益诱惑（包括礼品和款待）"第五十一条对《反不正当竞争法》中的相关内容进行了回应和更新，明确强调"某些法律法规禁止在特定情况下提供或接受利益诱惑，如有关反腐败和反贿赂的法律法规"。法律体系及对具体业务要求的不同也使得各个国家在完善道德守则过程中的侧重点有所不同。除了根据法律要求做出及时的调整和更新这种互动方式外，还有一种情况就是互补的响应方式。以美国、加拿大和澳大利亚等国家为例，由于这些国家拥有自己的反贿赂法或反腐败法，因此它们的会计专业协会或团体组织认为没有必要在道德守则中禁止商业贿赂行为或做出明确的规定，只是对部分商业行为提出了补充要求。例如，美国和澳大利亚的道德守则在某些情况下是允许佣金和手续费的（AICPA Code of Professional Conduct 2020，1.500）。与此相反，在韩国、印度和马来西亚等国家，由于相

---

① 从这个角度来看，会计和审计准则的国际趋同为各国职业道德守则的完善统一起到了基础性和关键性的支撑作用。

关法律并未对此做出要求，因此这一类规定在道德守则中就要严格得多，包括中国台湾的道德守则也是明令禁止以贿赂的方式招揽生意。

除了各个国家自行制定的行为或道德守则外，另一个法律影响道德守则变迁的例证就是国际职业会计师道德守则。为了保证守则在各个国家实施的效率和效果，必须考虑某些司法管辖区法律的具体要求，例如向某些机构披露违反法律和监管（Non-compliance with Laws and Regulations，NOCLAR）的问题就不具有全球可操作性，因此，2019 年发布的守则修订版就充分考虑了各国法律规定不一致这一因素的影响，指出"如果这样做符合公共利益且不违反当地法律，则应要求在客户或雇佣单位之外进行披露。需要考虑的因素可能包括对财务报告的重要性、外部各方受到影响的程度以及再次发生的可能性……"。作为一种典型的"自律"与"他律"相结合的行为规范（韩洪灵和陈汉文，2007），法律因素也渗透到了与提供和接受利益诱惑有关的内容中（International Code of Ethics for Professional Accountants 2019，R250.5、R340.5、340.6A1）。尽管一些国家或司法管辖区可能有不同于国际职业会计师道德守则的要求和指导，但是除非法律或法规明确禁止，否则这些司法管辖区的职业会计师必须遵守更严格的职业道德规定和要求。[①] 从职业道德守则的变迁内容来看，无论是国际会计师职业道德准则理事会、美国注册会计师协会还是中国注册会计师协会，它们历次对于道德守则的修订其实都在强调会计师作为专业人员不应参与或鼓励虚假陈述等违背守则甚至法律要求的行为，要对社会公众秉持更加负责的态度维护利益相关者的利益。就本质上来讲，只有考虑到法律法规方面的要求，会计师才可以处理好讲真话和诚实披露这一伦理难题。

三 技术进步

Maney（2016）和 PWC（2017）预计到 2030 年，会有 40%～90%的会计

---

① Farrell 和 Cobbin（2000）将国际会计师联合会发布的准则描述为针对国家会计协会的道德规范。值得注意的是，国际会计师联合会成员不一定要采用它发布的准则。然而，国际会计师联合会准则规定"IFAC 的成员组织或会计师事务所应当运用不低于本守则严格程度的准则"（IFAC，2020）。因此，国际会计师联合会成员组织可以为其成员采用组织特定的行为准则，前提是所采用的准则要求"不低于《国际职业会计师道德守则》"。

功能将被技术取代。因此，技术发展水平如何、在多大程度上影响会计领域的道德决策以及职业会计师的道德决策这一基本问题至关重要（Gunz & Thorne，2020）。信息技术的快速发展和广泛应用使得掌握会计或审计技术已成为会计职业的必要条件，但是就实际情况来看，大多数财务丑闻或舞弊行为是由对技术的使用或相关披露的错误判断引起的，因技术应用方法错误而导致的财务丑闻少之又少。这些判断错误除了对复杂问题产生的误解外，主要是由于缺乏对诚实、正直、客观、应有的谨慎、保密以及将他人利益置于自身利益之上的道德价值观的关注而导致的。就本质上来讲，有关大数据、人工智能技术和算法的道德问题都集中在信任上，包括个人（或政府）如何信任大数据和人工智能技术做出的决策以及在线平台如何加强或在什么情况下会破坏用户的信任等问题。从商业道德角度来看，信任分为个人的一般信任倾向、个人对特定公司的信任以及个人对市场或社区的机构信任（Pirson et al.，2016）三个层次，由于每个层次看待问题的角度和出发点都有所不同，因此在理解由技术带来的道德影响时应根据不同的情况区别处理。就会计师而言，一方面，会计师作为一个可信赖的受托人，人们期望他们为公共利益服务，这既包括执业的职业会计师，也包括工商业界职业会计师；另一方面，会计师应该能够很好地理解信任在内部控制和问责框架以及为企业活动提供指导和监督的治理框架中的作用。因此，在以信任为导向的问责和治理体系中，会计师起到了关键的促进作用。过于相信技术的可行性而没有正确运用道德价值或判断的例子比比皆是。例如，很多企业会在破产清算前故意隐瞒对坏账或应收账款的披露，这就不是技术或者能力的问题，而是会计师有偏见的判断或对公众的不负责任，尤其在公众可能会有股份或者投资在银行或贷款金融机构时。考虑到交易和业务信息披露背后的复杂性，专业会计师会经常面临何时披露公司不良财务状况以及披露多少的问题，因此做出隐瞒披露的决定或许也可能是一种合理的解释。即使技术上的可行性可能会左右一些会计师的短期决策，但是从长期来看，道德行为仍是主导性的因素。

　　20 世纪 70 年代末 80 年代初，会计职业道德守则开始变得更加通俗化、合理化和规则化。在某种程度上说，这种转变可能是文化影响的结果，但它发生的另一个主要原因是当时以计算机技术为核心的信息技术迅速发展，有必要对会计人员在实施业务过程中应用信息技术做出相应的规范和要求，这正逐步成为职业道德守则的核心。事实上，技术的传播或扩散以及个人和组织参与者对技术的使用，可以证明技术在道德和伦理方面具有变革意义（Whelan，2019a，2019b）。1973 年，美国在新修订的职业行为守则中的"职业道德的概念"部分增加了"一般标准和技术标准"内容，随后在 2008 年发布的守则中以列表的方式简单介绍了非测试服务对独立性的几种影响情况（AICPA，2008），直到最新守则将第一部分公共业务成员（Part 1：Members in Public Practice）中原有的"非测试服务表现—信息系统—设计、安装或集成"（performance of nontest services-information systems-design，installation or integration）改为"信息系统设计、安装或集成"（information systems design，implementation，or integration，1.295.145），对客户的信息技术安全政策和实践做出了具体规定，并将与软件解决方案有关的数据转换服务对独立性的影响做了详细说明。就国际会计组织来看，在 2009 年发布的《国际职业会计师道德守则》中，在 B 部分执业的职业会计师（Part B—Professional Accountants in Public Practice）的"IT 系统服务"（IT systems services）中一般性条款里对与信息技术系统相关的服务构成、内容、影响以及不会对独立性构成威胁的四种情况进行了概述（290.201、290.202），并对向公共利益实体和非公共利益实体的两类审计客户提供信息技术服务做出了规定 [例如，"向审计客户提供非鉴证服务"（provision of non-assurance services to an audit client）部分的 290.157 和 290.155 条款中有关信息技术的变化对审计客户提供非鉴证服务清单的影响]。为了更好地适应信息技术的发展，重构公众对会计行业的信心，在 2014 年 11 月召开的第 19 届世界会计师大会上，世界银行与国际会计师联合会以"会计构建未来"为主题讨论了通过公众监督提升公众对会计行业的信心以及 IT 技术在会计行业的应用等问题。技术正成为嵌入、传播和传递道德价值观的独特方式（Brusoni & Vaccaro，2017）。在 2019 年重构的道德守则中，国际会计师职业道德准则理事会又对信息技术应用方面的内容进行了扩展和细化，在 R606.4 条款中对于向审计客户提供信息技术系统服务的公司明确了"客户承认其建立和监控内部控制系统的责任"和"客户做出与设计和实施过程相关的所有管理决策"等五点规定。同时，在 R606.5 条款中对向公共利益实体的审计客户提供信息技术系统服务的公司从内部控制和客户发表意见的信息来源两个方面做出了严格要求。2021 年 3 月，国际会计师联合会发布了包括快速技术变革的道德含义等在内的一系列征求意见稿（IESBA，2022a）。2022 年，新发布的职业道德守则首次将信息技术的影响纳入基本原则中，在 110.1A1 对影响客观性的描述中新增加了"（iii）对个人、组织、技术或其他因素的不当影响或过度依赖"。此外，在专业胜任能力和应有的关注部分的 113.1 A2 中强调"保持专业能力需要对相关的技术、专业、商业和技术相关的发展有持续的认识和理解"，并新增加了提供信息技术系统服务时承担管理责任的风险要求（R606.3）和向公共利益实体的审计客户提供信息技术系统服务引发自我评价的威胁条款（R606.6）。

　　近年来，人工智能、大数据和区块链分布式技术的快速发展对会计审计业务的内容和流程产生了巨大冲击（Singer et al.，2021），区块链与人工智能技术在组织中的结合使用提出了新的道德问题（Sharif & Ghodoosi，2022），会计师职业道德守则的关注点也随之发生了变化。大数据和人工智能技术在会计行业的普及使得人们将其带来的速度和准确性优势逐渐等同于采用其他技术。但是就实际情况来看，人工智能不仅依赖预先编程的算法和保护这些算法（Nichols，2019），而且还包括通过适应和学习超越当前限制条件做出的实际决策和判断，人工智能已超过了传统意义上仅限于会计职业判断的决策范围，特别是涉及不同选项之间的道德决策权衡。因此，与采用大数据和人工智能技术相关的道德影响已远超出了其他技术。作为一项旨在模仿人类认知技能和专业判断的新兴技术，人工智能不仅能够节省时间、进行更快的数据分析，也有助于提高判断的准确性、更深入地洞察业务流程并提高客户服务质量等，为事务所和会计师带来了竞争优势。目前，包括普华永道等在内的国际四大会计师事务所都计划在审计规划风险评估、交易测试、分析和编制审计工作底稿等领域继续推进这一应用创新。在探索人工智能带来优势的同时，学术界、政策制定者和监管机构等也开始高度关注这一新兴技术的道德影响。学者们详细调查了关于自动化机器应该拥有道德能力的程度以及如何保证实现道德的问题（Malle，2016），就其使用的道德有效性（Stahl et al.，2017；Wright & Schultz，2018；Aicardi et al.，2018）和新技术对道德问题的影响展开了研究

（Johnson，2015；Brusoni & Vaccaro，2017；Martin et al.，2019），提出了"机器伦理"或"机器道德"（Deng，2015），认为机器人的道德能力应与道德认知和影响（例如，职业判断和推理）、道德决策和行动（例如，如何在多个选项中做出选择）以及道德沟通（例如，如何表达对他人的道德判断）密切关联（Malle，2016；Gill，2020）。对于人机交互过程中对数据和技术的不恰当使用，以及不道德甚至非法行为的出现，Bigman 等（2019）从自动驾驶车辆撞死行人这一伤害性事件展开分析，认为对机器人道德责任的判断应取决于它所感知的情境意识以及对人类行为模仿的相似程度，从某种程度上讲，机器人对于非法行为应该负有更大的责任。对此，Serafimova（2020）通过阐述计算过程和道德评价之间差异的要点，对个体如何感知机器道德以及如何从现有技术中增加道德判断进行了研究，他指出相比假想或虚拟场景，后续研究应在真实的人机交互或从中选取更可控的环境中展开。进一步地，Munoko 等（2020）不仅试图预测在审计中使用人工智能的道德影响，而且还围绕人工智能的实际道德和社会问题进行了研究，探讨了与人工智能相关的政策和治理方面的问责制问题，以及进一步采用人工智能对审计职能和审计职业的影响。他们通过分析得出结论，认为在道德层面上，人工智能目前还不能完全取代职业会计师的判断。就目前发展趋势来看，新技术的应用确实对会计师专业行为产生了影响和冲击，特别是对涉及商业秘密、数据安全、人工智能应用的边界和责权等方面的要求，应当及时地在道德守则中体现出来。

为了实时掌握技术变革对公众利益和职业会计师道德行为产生的影响，国际会计师职业道德准则理事会在 2018 年成立了技术工作组（Technology Working Group，TWG）并制定了两阶段的工作重点，就应用大数据和人工智能所要遵循的原则展开了讨论，具体包括第一阶段将守则的基本原则与已发布的人工智能伦理框架中的原则进行比较与分析对守则规定的影响和第二阶段关注区块链、加密货币、网络犯罪和网络安全、物联网和数据治理等技术发展对职业道德产生的影响，并拟在后续修订版本中进行实时补充和更新。2020 年 2 月 27 日，国际会计师职业道德准则理事会发布了第一阶段报告，指出需要进一步强化数字经济时代职业道德和职业判断在建立信任上的关键作用、职业会计师应对执业环境的复杂性、数字经济时代下职业道德基本原则的适用性、职业会计师的专业胜任能力以及审计人员的独立性等几个方面的相关规定，建议对"第113节专业胜任能力和应有的关注"、"第220节信息的编制和报告"和"第114节保密"等进行修订，考虑了与数据隐私和信息保护有关的事项，增加了与数据保护和技术应用有关的材料，以更及时地反映现代信息技术对独立性造成的威胁。为了更好地制定守则内容，自2020年3月以来，国际会计师职业道德准则理事会与来自中国、美国及加拿大等各国家和地区的准则制定机构（NSS）联合成立工作组，针对数字化快速发展催生的风险这一重大职业道德问题展开了讨论。由于数字化的互联互通特性导致工作边界日益模糊（IFAC PAO Development & Advisory Group，2021），因此工作组认为，会计师与会计师事务所应如何识别、评估和应对由技术开发、应用和实施导致的对遵循职业道德基本原则和独立性产生的威胁已经成为公众普遍担忧的问题，特别是在企业可能忽视网络安全与相关措施的情况下通过远程方式开展业务的时期，更加凸显了坚守诚信、客观、专业胜任能力、勤勉尽责及保密等职业道德基本原则所面临的挑战。对此，道德守则在修订时应重视如何谨慎利用外部专家工作协助识别、评估和应对网络威胁等新的风险，同时，监管部门和守则制定机构也必须深入理解大数据、人工智能等技术给业务带来的影响并充分关注由此产生的职业道德风险，从而维护会计行业的良好声誉。为了更好地反映颠覆性和变革性技术对会计师工作的影响，并对其快速发展引发的道德层面的问题提供更为广泛的分析和见解，国际会计师职业道德准则理事会以2020年发布的第一阶段报告为基础，在2022年11月18日发布了技术工作组第二阶段报告。该报告就快速数字化背景下会计师面临的机遇和挑战问题，对职业道德守则中的总体原则和具体规定的相关性与重要性展开了探讨。基于对技术领域的调查，第二阶段发布的报告总结了工作组对人工智能、区块链和云计算等创新技术的道德影响进行的调查结果，从道德守则的视角出发探讨了各种与数据治理、网络安全以及对专家的依赖或使用等方面相关的问题，并对这些问题提出了进一步考虑的十项建议，具体包括以下方面。（1）特定于技术：A—用于人工智能训练的数据、B—透明度和可解释的人工智能、C—数据治理包括数据保管。（2）对守则有更广泛的道德相关性和应用：D—道德领导和决策制定、E—与负责治理的人员沟通、F—对专家的依赖或使用、G—"足够"能力的门槛、H—职业会计师的压力、I—商业关系。（3）对国际会计师职业道德准则理事会的工作产生更广泛的影响：J—倡导守则并制定非权威性的指导。其中，一部分建议将在制定与技术相关的守则修订版时予以反馈并更新。尽管快速发展的信息技术在各个方面都对会计行业产生了重大影响，但是无论使用何种技术，会计师的专业胜任能力都要以道德、信任、诚信和对公共利益责任的认可为基础，都必须遵守《国际职业会计师道德守则》（包括国际独立准则）的要求。

四　公众期望

如果说法律制度的影响使得道德守则具有强制性制度变迁的特点，那么公众期望则是引发道德守则诱致性制度变迁的重要因素。过去很长一段时间，人们过于强调公司实现利润或达到一定程度的业绩要求，不惜任何代价达到目标尤其是财务目标所产生的压力是导致组织出现道德问题的重要原因之一（Jennings，2006）。近年来，公司面临着一个从股东关注向利益相关者高度问责的时代转变。相比公司实现了哪些目标，这些利益相关者更关注公司在实现目标的过程中是如何在尊重环境、人权等他人利益的同时，以合乎道德的方式获取利润。在这一过程中，会计师所具备的专业性使其所提供的服务对公众而言极其重要。在做出有关投融资及运营决策时，社会公众必须以财务报告提供的信息作为判断依据，而作为信息来源的财务报表由于涉及不同的价值、程序和披露方式，因此选择的合理性和适当性就需要实施专业判断，需要依赖审计师和会计师来确认财务信息的准确性和完整性（Kane，2004）。尤其是会计师和公众之间的专业知识水平存在显著差异时，后者就不得不信任或依赖会计师的专业判断。经济的快速发展使得报告内容更加复杂，人们对于错误的容忍度更低，这使得企业比以往任何时候都更需要在日益复杂和充满挑战的商业环境中为社会的最佳利益服务，金融市场也更加依赖财务数据的真实性和完整性，这些趋势对会计师提出了更高的挑战，他们必须有良好的道德指导才能不辜负公众越来越高的期望（Brooks，1989）。正如 Friedman（1970）所言，"企业高管……有责任在遵守社会基本规则的同时赚尽可能多的钱……在法律和道德习俗中"，即应该在社会的法律和道德习俗范围内追求利润。如果无法成功整合或平衡好道德和经济的目标，股东的利益就会不合理地主导其他利益相关者的利益，企业和社会利益相关者之间的紧张关系将愈演愈烈，持续处于失衡的状态。因此在这种情况下，保持依存关系中固有的信任对于会计师至关重要，因为如果客户或公众的利益受到威胁，那么会计师就会被期望能够通过他们的职业怀疑和社会责任感识别潜在的危险信号，采取恰当的措施将威胁程度降至最低，尽可能确保财务报表的可靠性和可信度来减少对公众利益的损害。特别是随着现代社会越来越依赖以记录和报告这些活动为基础的问责网络的复杂化、多元化和多样化，会计从记录和报告活动及其后果开始，一直到履行责任结束（Ijiri，1975）的整个过程对社会和组织的正常运行至关重要。

随着社会经济形态的演进，人们对会计行业或会计师行为的期望也发生了巨大变化。在日益复杂且具有多元化的商业环境中，利益相关者对公司或会计行业的违规和不当行为的关注程度和敏感度也越来越高，除了行业本身固有的限制及准则层面的因素外，会计师比以往任何时期都更被期望为社会提供最佳的利益服务。尤其在当前面临着一个由利益相关者推动的、超越股东的问责强化的时代，相比企业实现了哪些目标，社会公众对于如何实现目标的过程更为关注。2010年10月，国际会计师联合会发布了一份题为《胜任和多种技能：工商业界职业会计师如何推动各组织取得可持续性成功》的咨询文件，着重阐述了在全球趋势及各组织需求快速变化的背景下，雇主对工商业界职业会计师期望的变动情况。除此之外，近年来会计欺诈和审计舞弊的反复出现使得会计师面临着一系列挑战。这证明参与监督这些公司的会计和审计人员并没有履行公众所认为的适当的职责，会计师向包括投资者、债权人等在内的利益相关者所提供的受托服务质量受到了质疑，社会公众对审计行业保护投资者利益的能力和意愿变得不再那么信任（Cullinan，2004），这也从根本上改变了对会计师行为的预期。人们对会计行业的公信力和诚信度开始持怀疑态度，日益增长的不信任严重影响了会计和审计行业的声誉。公众对不合规行为表现出更少的宽容、更强的道德意识，以及对商业行为更高的期望。除了违规行为外，对于一些合规的新事项或新情况，也同样会产生较高的期望。例如，当企业或事务所宣布它们在业务中使用了人工智能系统却没有披露这些系统的实际功能和使用限制时，客户、股东等利益相关者就会对人工智能业务抱有不同的期望，就会产生期望差距。针对这一问题，欧盟委员会人工智能高级专家组要求采用人工智能的企业或事务所应"以明确和主动的方式向客户、员工、社会公众等利益相关者提供有关人工智能系统的应用能力和限制的信息，使他们能够实现设定的期望"（HLEG，2018）。

作为资本市场的"守门人"，会计师事务所和注册会计师理应将社会公众的利益放在首位。但是许多会计师却未能扮演好其"守门人"的角色，为了维护公司或自身利益而违背诚信、客观公正、专业胜任能力和应有的关注等原则，不仅导致风险增加并转嫁给了投资者，也使得事务所和会计师的专业能力和信誉受到质疑，产生了期望差距。Liggio（1974）提出了审计期望差距，将其定义为"独立审计师和财务报表使用者对审计业绩期望水平的差异"。随着报表使用者范围的不断扩大，MacDonald（1988）把期望差距理解为"公众的期望或需求与职业会计师合理期望达到的目标之间的差异"。Porter（1993）对这一概念做了进一步完善，指出审计期望差距是"社会对审计的期望和审计师实际业绩的公众看法之间的差距"。MacIntosh（2002）认为，这种期望差距是公众对会计报告性质的信念与会计师和专业团体习惯做出的断言之间的差异，即所有能保证的是报告是按照当前普遍接受的会计原则和标准编制的。造成这种差距的原因之一就是财务报告标准的正当性与专业审计师标准之间的差异（Bayou et al.，2011）。由于会计师提供的服务质量未能达到社会公众的期望，社会公众认为由会计师或审计师提供的财务报表中应该得到的信息与他们实际得到的信息之间的期望差距逐渐加大，或者说，对公共利益承诺的明显缺失导致公众对会计师或审计师的期望出现差距，因此进一步的监管和会计师对职业道德更好地遵守可能会恢复公众的信任，进而达到期望的要求。但需要指出的是，在信任和期望发生改变后，监管本身并不能重新建立或完全恢复公众信任和期望，问题的根本在于建立一套能够指导会计师行为的价值观或基本原则，如独立性、诚实、正直、客观以及抵制不合理的利益诱惑等。如果没有这些价值观或基本原则的规范要求，那么支持会计师与公众关系所需的必要信任就难以为继。因此更为完善的道德规范以及遵守并充分理解其中的要求，是重新建立公众对会计师职业信任、弥补期望差距的关键。在这种情况下，职业道德守则应运而生。2019 年，国际会计师职业道德准则理事会发布的道德守则中就明确要求"职业会计师应该正直和诚实，不得夸大会计师所提供的服务、资格或经验"。随着公众期望达到更高水平，会计师的行为方式、服务内容和质量标准也进行了相应调整，新的期望差距又不断产生。为了尽快恢复基于信任、正直、报告透明等价值观的可信度，重新致力于公众利益，弥补与公众之间存在的期望差距，有必要及时更新职业道德标准并将其纳入新的治理结构和指导体系中，这样才能确保会计行业的声誉，维护社会对它们的信任（见图 8-1）。正如前文对美国会计师职业道德准则和国际职业会计师道德守则的变迁分析，持续出现的舞弊或丑闻使会计行业受到了进一步的质疑和监管，公众的要求越来越高，这些都刺激并推动了道德守则的不断修订和完善。

图 8-1　会计师职业道德对公众信任影响的传递路线

五　其他因素

除了以上四个主要的显著性因素外，影响职业道德守则制度变迁的还有各国的经济发展水平和执业环境等（Backof & Martin，1991）。一个国家的经济发展水平会直接影响相关职业的发展水平及其能够发挥的作用和空间。相比西方发达国家，发展中国家和不发达国家的经济环境和制度建设还存在很大的差距，特别是教育投入和工业化发展水平等都显著低于发达国家。在许多发展中国家，合格的或者高质量的会计师数量非常有限，这不仅意味着会计和审计职能必然会由大量不太合格或不太符合要求的职业会计师或准职业会计师执行，同时也表明难以用较高的标准和要求培养训练有素的会计及管理方面的专业人才。而无论是专业胜任能力还是保持应有的谨慎，这些原则应用的前提都是要有足够具备专业技术能力的专业会计人员来执行。因此，在这种情况下，即便是在发达的经济环境中可以使用的专业技能也是无可用之地。除了专业技术能力外，技术应用标准和应用环境也是必不可少的前提条件。部分国家由于经济发展落后，通常缺少高质量的专业标准甚至没有可以参考的标准，加上缺乏与复杂或前瞻性业务相匹配的具体应用环境，另外专业人员可获得的技术资源、制度基础以及产权合同等基本法律体系在发展中国家和不发达国家并不完全具备，因此无论是从高水平的会计从业人员还是所处的执业环境来看，其实践业务、报告标准和构成内容等都有很大的不同，适应本国或当地经济的职业发展水平很可能与发达国家的职业发展水平存在显著差异，社会经济发展程度的不同对各国会计职业道德守则的制定内容和国际职业会计师道德守则执行的有效性产生了很大影响。

有鉴于此，不同的经济发展水平很可能会导致许多国家的会计师发现国际职业会计师道德守则的某些部分与他们的实际需求无关，甚至会与他们的经济社会环境背道而驰。当本国（地）会计人员无法认同某些条款或内容时，他们可能会拒绝执行或使用这些道德守则。被发达国家或国际会计组织视为理所当然的职业道德守则的有效性，在发展中国家和不发达国家可能会引发质疑和讨论。例如，遵守法律是道德行为的最低要求，即如果某件事情是非法的，那么一定就是不道德的行为，而合法行为并不见得就是符合职业道德守则要求的，因此部分发达国家对于职业道德的条款内容会有相应的法理解释（AICPA Code of Professional Conduct，1.000.020.02 a，2020）。但是在法律规定不太严格或者法律制度不健全的一些发展中国家，遵守法律未必就是道德行为的必要条件。此外，经济发展的程度也会影响文化的多样性认同，进而对职业道德守则的内容特别是国际职业会计师道德守则在全球的推广产生不利影响。例如，部分东南亚国家和非洲国家至今还认为外商投资企业和跨国公司具有剥削性和威胁性，这反映了外商投资企业和跨国公司的本土文化与东道国当地的文化是冲突的（Cohen et al.，1992）。

除此之外，会计师所处的商业道德环境正在发生巨大变化，了解这方面的内容对于解释职业道德守则的变迁并进一步完善守则内容至关重要。不断变化的会计执业环境使会计师在越来越多的情况下面临着利益冲突与道德抉择的两难困境。会计师必须确保他们的道德守则是最新的，并根据这些价值观采取行动，以更好地发挥他们的作用。自 2000 年以来，随着全球经济的发展和监管环境的变化，商业经营模式和公共会计也都发生了显著的变化，无论是《萨班斯-奥克斯利法案》的通过还是上市公司会计监督委员会的成立，包括全球多次金融危机和经济的衰退，都使得会计师所处的执业环境越来越复杂，面临的利益冲突、独立性、利益诱惑及业务约定等道德方面的挑战也越来越多。无论是组织治理还是问责制都承受着相当大的压力，这也是为什么国际职业会计师道德守则历次变迁越来越强化独立性的原因。Cieslewicz（2016）虽然运用计划行为理论（TPB）证明了文化会影响道德行为，但是其结果好坏最终取决于会计专业人员所处的环境。会计师事务所的学科越来越多（Suddaby et al.，2007），一项业务的完成也不再仅仅依赖会计师，而是需要律师、工程师和管理顾问等多方面专业人员共同合作。此外，随着税务服务、管理咨询、财务顾问等非审计业务的快速拓展，事务所的收入更多来自非传统会计业务，这意味着会计师不可能把主要精力都放在会计和审计等核心工作领域。特别是管理咨询，长期以来都被认为是对审计师独立性产生严重威胁的一类服务。审计服务通常是在提供其他更有利可图的服务的背景下，被越来越多地提供给大型且有实力的公司，日益增加的商业压力使得会计师事务所不得不将客户满意度置于专业标准之上（Sánchez-Medina et al.，2019），同时将利润最大化（费用最小化）置于审计质量之上（Ishaque，2021），这打破了审计师和客户之间传统的平衡关系，使会计师更难发挥其独立于客户的作用。

当业务规范和当前的价值观发生冲突而又有可供选择的行动方案时，就会出现道德困境的问题，这时候决策者必须做出选择，包括一些会计欺诈案件，开始时的行为都可能被定性为灰色地带（gray zone），不是完全可以接受，但也不是明显的不合适（Beasley & Hermanson，2004）。正如 Ijiri（1983）所指出的："为经济决策提供有用信息的任务并不容易；但与在双方相互冲突的利益之间找到一个平衡的痛苦相比，这只是小儿科。"与其他有明确标准的商业决策不同，道德困境没有明确或客观的衡量标准，需要用主观的道德守则来加以约束和规范。由于道德守则本身内容有限，且仅靠守则本身可能不足以显著影响道德决策过程（Cooper & Frank，1997；Verschoor，2002），提高会计信息质量，因此仍有必要对职业道德守则进行改进和完善。作为约束某一个人或团体的行为准则，职业道德守则的每一次修订都是社会公众与会计职业界双方合作博弈的结果，正是公众的广泛参与才极大地推动了职业道德守则的不断完善和发展。由于文化因素、法律制度、技术进步、公众期望及经济发展水平等方面的影响，各国及国际职业会计师道德守则呈现了不同的变迁特点，尽管如此，一套高质量可用的职业行为准则仍有助于提高会计师的职业道德标准以及在社会公众中的声誉。只有监管部门和准则制定机构充分考虑使会计师面临道德困境和利益冲突的因素影响，才能有效地改进和完善守则内容，更好地维护公众利益。正如知名的思想家哈耶克所言，"被人们认为极有作用的种种制度，乃是经由自生自发且不可抗拒的发展而形成的结果，并且表明，即使那些最为复杂、表面上看似出于人为设计的政策规划，亦几乎不是人为设计或政治智慧的结果"（哈耶克，1997）。

第九章 主要结论与政策建议

习近平总书记在 2022 年主持中共中央政治局第三十七次集体学习时强调："道德是基石，任何时候都不可忽视……我们要把依法治国基本方略、依法执政基本方式落实好，把法治中国建设好，必须坚持依法治国和以德治国相结合，使法治和德治在国家治理中相互补充、相互促进、相得益彰，推进国家治理体系和治理能力现代化。"在现代化国家治理体系中，职业道德无论是作为整个社会道德的一部分，还是作为专业法律法规的基础和支撑，都在规范职业行为、调节社会关系以及维护公众利益方面发挥越来越重要的作用。会计（含审计）制度和规范作为一种强制性制度变迁（刘峰，1996），了解其演进的过程和影响因素有助于我们更好地理解、领会和实施会计职业道德规范，因为它"可以为善于思考的读者提供证据，证明过去和现在之间，在曾是什么、现在是什么、将会是什么之间存在相似之处"（普雷维茨和莫里诺，2006），这样才能为职业道德守则未来的发展指明方向。

本书在委托代理理论、财务舞弊理论、不完全契约理论、社会责任理论和制度变迁理论的基础上，以美国注册会计师协会发布的《职业行为守则》、国际会计师职业道德准则理事会发布的《国际职业会计师道德守则》以及中国注册会计师协会发布的《中国注册会计师职业道德守则》和《中国注册会计师协会非执业会员职业道德守则》为研究对象，通过回顾、梳理并分析历次守则制度变迁的重大变革内容和背景，归纳总结了推动职业道德守则变迁的影响因素，从而为未来国际及我国会计师职业道德守则的改进和完善提供了有益的启示。

一 主要结论

从美国会计师职业道德准则的发展历程来看，除了美国管理会计师协会对管理会计和财务管理从业人员提出应遵循专业胜任能力、保密、诚信和客观性原则外，美国注册会计师协会发布的《职业行为守则》主要经历了四次重要修订，分别是"首次发布较为全面的准则"、"政府推动下的准则变迁"、"构建完整的框架体系"以及"全面修正行为守则内容"四个阶段，特别是第四个全面修正阶段中又经过了从以规则导向为制定基础向以原则导向为制定基础转变的两个子阶段。从国际会计师职业道德准则理事会发布的《国际职业会计师道德守则》来看，自 1980 年发布第一份道德准则以来，分别经历了"加强独立性要求，恢复公众对行业的信心"、"聚焦利益冲突，减少对独立性的威胁"、"强化管理层责任，降低非鉴证服务引发的风险"和"增强概念框架作用，重视应用的有效性"四个发展阶段。从中国注册会计师协会发布的《中国注册会计师职业道德守则》和《中国注册会计师协会非执业会员职业道德守则》来看，由于我国资本市场起步较晚，职业道德守则主要经过了三次重大修订，分别是"建立框架体系，法律与职业团体双重规范并行"、"强化独立性要求，全面应用概念框架法"和"强调维护公众利益，实现与国际守则的全面动态趋同"。就整体趋势而言，职业道德守则的框架体系在逐步成熟完善，道德守则正沿着风险导向职业道德概念框架的方向发展。

通过对中美两国及国际职业会计师道德守则变迁的时点、演进路径和动因分析发现，作为一份不完全契约，职业道德守则在渐进式变迁过程中会受到一个国家或地区的文化因素、法律制度、技术进步、公众期望、经济发展水平和执业环境等方面的影响，经济发展和技术进步极大地提高了利益关联度，法律和监管环境等诸多因素的变化使得守则结构和内容处于持续的演变过程中，呈现出以诱致性制度变迁为主、强制性制度变迁为辅的特点。在坚持职业道德概念框架解决问题的前提下，守则修订内容对会计师遵循职业道德提出了更高的要求，减少了会计师面临的不确定性风险。其中，利益关联度、公众期望差距和政府管制参与度（法律监管制度）是守则变迁的主要驱动力。作为一份社会公众与会计职业界就职业服务质量达成的一份"隐性"的公共合约（陈汉文和韩洪灵，2005），经济利益关联度的大幅提升使得社会公众更关注合约的有效性。作为一个社会团体，独立审计人员成功地获得了社会的公认，他们被认为是从事着有高水平的道德行为标准的职业（莫茨和夏拉夫，1990）。当公众认为他们从职业会计师那里实际获得的信息质量与应该获得的信息质量（扣除不合理预期部分）存在差别时，就会导致社会公众与职业会计师之间产生期望差距，进而引发对整个行业的信任差距（陈汉文和韩洪灵，2020），而信任差距的产生对会计职业的生存和发展构成了直接威胁。当原有的道德守则契约偏离均衡状态，特别在与社会公众或会计师"自省"的需求产生期望差距时，就会促使职业界和公众通过"重签"的方式就道德准则契约达成新的一致，缩小并弥补产生的期望差距。在这一过程中，政府作为合作广度最大的契约方，必然会以独立和公益性的身份参与到会计职业界和公众的合作博弈中来，通过制定或颁布法律规范成为守则变迁的催生剂并影响着契约的本质精神。当政府参与职业会计师行业管制的程度越高时，守则的变迁就越呈现出政府催生的性质，契约内容就越要符合政府监管的相关政策要求，并可能导致契约重签期越来越短。在很多情形下，利益关联度、期望差距和政府管制参与度呈现出一种共生与互动的关系，职业道德守则的变迁也正是受三者合力的共同作用推动。随着现代社会利益关联度的不断提高，期望差距产生的周期也逐渐缩短，这更可能引起政府频繁介入并参与会计师行业的管制。因此，如何在不断变化的环境中保持与职业道德目标要求相一致的守则，在越来越短的重签期内更快更好地满足公众期望、提高道德守则的标准和质量，从而增强其相关性和影响力成为守则制定者亟待考虑的问题（IESBA，2019a）。

二　政策建议

针对以上分析结论，为了更好地完善会计师职业道德守则，规范会计师职业行为，提高会计行业的诚信和职业道德水平，维护良好的职业信誉，本书拟提出以下政策建议。

（一）坚持原则导向的概念框架法，确保高质量的道德守则

公认且高质量的职业道德守则由于强调公众利益，因而有利于增强全球经济增长的信心并有助于金融市场的稳定。为了行之有效，会计师职业道德守则需要在原则导向的框架下，将基本原则与数量有限的具体规则相结合，通过明确职业会计师为公众利益服务必须遵守的道德行为的基本原则，然后提供一个用于确定和评估对违反这些原则所造成威胁的概念框架。由于以原则导向为基础的职业道德概念框架的优势在于强调促进道德判断，而不是一味地去按照道德守则的具体规定或要求执行某个条款，因此它不仅能够为会计师解决职业道德困境问题提供总体的思路和方法①，更有利于将各项基本原则逻辑一致地运用于具体业务，避免了"在规则上没有被禁止但并非允许的行为"（Heath，2007）。而概念框架充分考虑了对遵守基本原则构成威胁的各种情况，针对所有职业会计师提供的防范措施均包括识别不利影响、评价不利影响与应对不利影响三个核心概念，即要求会计师以"可能影响基本原则及独立性得到有效遵循的潜在风险"为主线对可能会对遵守所有基本原则产生的威胁进行识别、评价和应对，通过识别压力来源，确定定量和非定量的威胁后，会计师再根据相关的防范措施判断是否能够有效地将风险降低至可接受水平，减弱甚至消除会引发不道德行为的动机，从而最终决定是否接受该项业务。这种方式可以有效阻止会计师在没有明确禁止的情况下得出恰当的结论。可以说，职业道德概念框架又隐含着深刻的风险导向（risk-oriented）逻辑（陈汉文和韩洪灵，2020）。因此，应用概念框架法使守则对不断变化的外部环境具有更强的适应性，会计师可以更加灵活地根据具体情况进行特定分析，有助于会计师遵守道德守则的要求并履行其为公众利益行事的责任，减少基于规则的"边缘性"不良职业行为，降低不完全契约引发的效率损失，其系统性、应用性和逻辑性都会得到极大提升。需要注意的是，在将概念框架应用于解决职业道德问题时，会计师仍需要运用职业判断来了解已知的事实情况，包括是否可能遗漏了

---

① 概念框架法不是简单地遵循具体要求，而是无论具体情况或性质如何，职业会计师都能够解决对遵守基本原则产生的威胁。

某些相关信息、是否与预期的情况不相符、是否需要向具有行业专长或相关经验的人员进行咨询、已了解的信息是否能够为得出的结论提供合理的依据以及会计师的先入为主或偏见是否会影响其职业判断等。在上述前提下，会计师还要对新出现的信息和事实的变化时刻保持警觉，考虑这一问题所处的具体情境（例如，该事实情况所涉及的利益关系、范围和性质等）。为了确保高质量的职业道德守则，除了不利影响和防范措施外，要重视实施理性且掌握充分信息的第三方测试。美国注册会计师协会在职业行为守则中也要求采用第三方测试，虽然并未阐述或提供相关的机制解释和理论基础，但不可否认的是，只有通过理性且掌握充分信息的第三方公正地了解并评价会计师结论的适当性，才能够检验会计师得出的结论是否公正客观。

（二）及时跟进法律、相关准则和监管机构的发展要求

法律和道德都是约束人的行为规范。虽然不道德的行为不一定触犯法律，但是一般情况下，违反法律的行为是有违道德规范要求的，因此道德守则的制定必须适应监管环境，紧跟法律法规要求。以国际职业会计师道德守则为例，在历次变迁中，国际会计师职业道德准则理事会都会根据各个国家和对全球会计行业影响较大的国际性法律法规及监管组织或管制机构的要求，适时调整条款内容，以保证守则的有效性、相关性和一致性。例如，在《萨班斯-奥克斯利法案》的影响下加强对审计和审阅业务的独立性要求（2009 年发布的版本）、与国际审计准则中的专业术语保持一致进行的修订（2013 年发布的版本）、根据欧盟委员会的建议加强向审计客户提供非鉴证服务的独立性（2015年发布的版本）、结合与贿赂和腐败有关的法律法规界定提供或接受利益诱惑的边界（2019 年发布的版本中 R250.7～R250.8，R340.7～R340.8）、响应国际审计与鉴证准则理事会和国际会计教育准则理事会的要求补充与职业怀疑和职业判断有关的应用材料（2019 年发布的版本中 120.13A1～A2、120.5A1～A3）等。当然，根据法律监管环境对守则差距及时地进行评估和修正并不意味着一味地迎合。2011 年，上市公司会计监督委员会提出事务所的强制轮换能够更好地保证审计独立性这一建议，但国际会计师职业道德准则理事会在考

虑欧盟法规 2011/0359（COD）对轮换的时间表要求后，认为轮换周期与合伙人轮换需求的不一致会造成效率低下并引发额外的成本，坚持在继续实施关键审计合伙人轮换制度的基础上，通过加强审计委员会促进会计师事务所与治理层的积极沟通等一些有效的替代方案减少审计失败的风险。

（三）以独立性为中心不断完善守则内容，缩小公众期望差距

无论是公众利益与客户或雇主利益发生冲突还是公众利益、客户或雇主利益与会计师自身利益发生冲突，都必须经常以大众最佳利益为重的原则来解决这些问题（莫茨和夏拉夫，1990）。作为会计行业获得公众信任的基石，职业道德守则的目的就是在公众利益导向下对会计师的执业行为予以规范，以保证应有的服务质量（陈汉文和韩洪灵，2020）。尽管独立性不可能穷尽一切影响会计师正直与客观的因素，但是由于它能使会计师免于利益冲突，进而维持其诚实与客观，因此独立性是用来保护公众利益的，也自然就成为守则所遵循的核心。在职业道德守则变迁过程中，不管是以规则导向为制定基础转向以原则导向为制定基础、轮换要求扩展到全部关键审计合伙人，还是为违反守则的要求、利益冲突和潜在冲突引致的独立性威胁提供更全面的指导，甚至再到修订审计客户提供非鉴证服务条款、强化与审计或鉴证客户保持长期关系以及全面应用概念框架法等，职业道德守则的变迁始终围绕独立性这个中心，针对不同的业务类型和所处环境，在概念框架法的指导下不断从横向层次和纵向维度上完善守则的应用条款，缩小社会公众对于会计行业的期望差距。

（四）加大强制履行力度，及时弥补自我履行机制的不足

在保证自身有效性的前提下，道德守则的有效性还取决于自我履行和强制履行的有效性。作为自我履行机制的一个重要影响因素，当会计职业道德标准与特定时期的执业环境不吻合、社会公众与职业会计师对道德条款的理解不一致或者对职业道德标准存在期望差距时，会计职业道德自我履行机制的基础就会受到动摇（陈汉文和韩洪灵，2020）。此时，对会计职业道德守则的不断修

订、对框架体例结构的不断调整等自行修正的方式可使其理性基础得到社会公众和职业会计师的共同认可。尽管相比政府管制、法律责任等这些强制履行方式，自我履行机制通过自我管制和声誉机制等确实更多地向外传递了"自律"的积极信号，也更有助于会计职业界赢得外部信任、树立会计职业形象，但是如果由于市场环境的特殊性导致无论是中止交易、自我管制还是声誉机制，自我履行机制的实施效果都不尽如人意，那么在自我履行机制失效或者超出自我履行的边界时，运用政府管制、法律责任等强制履行机制就成为必然，特别是法律法规的颁布实施有助于提高职业道德强制履行的广度、深度和力度。未来应继续发挥政府管制的权威性，加大监管力度，积极扩充并完善相关的证券法律制度，充分发挥法律的引导、威慑和保障作用，降低履约成本，助力高质量职业道德守则的高效应用。

（五）充分考虑大数据及人工智能技术的影响，保证守则制定的相关性和及时性

经济的快速发展和技术的全面进步使得各方的利益关联度越来越高，期望差距产生的周期也在逐渐缩短。随着机器人流程自动化（Robotic Process Automation，RPA）、自然语言处理（Natural Language Processing，NLP）及光学文字识别（Optical Character Recognition，OCR）甚至是以 ChatGPT 为代表的人工智能技术驱动的自然语言处理工具的广泛应用，机器学习等技术进步的速度、意义和复杂性给会计职业带来了新的机会和挑战（IFAC，2020）。在数字经济时代的推动下，90% 以上的数据是以电子邮件、视频、音频、图片及文本等形式呈现的非结构化数据，大数据及人工智能技术的发展使得与职业判断有关的责任归属、数据保护和隐私安全等对职业道德提出了新的命题，包括制定会计师将非结构化数据转换为结构化数据以及在获取和使用大数据进行分析时应遵守的职业道德要求，及时调整已发布的人工智能伦理框架等与守则内容存在的差异，反映区块链、加密货币、数据治理等技术变革对公众利益和职业会计师道德行为产生的影响，论证数字经济时代下职业道德基本原则的适用性，运用没有自主决策权的人工智能进行职业判断时会计师应遵

守的职业道德要求，强化数字经济时代职业会计师应对复杂环境的专业胜任能力和独立性等。考虑到会计职业的主要竞争优势是行使职业判断以及保护社会公众利益的固有道德义务，加之社会面会因为采用技术带来的便捷性而降低甚至忽略对道德的考量，因此，有必要重视会计行业中技术应用道德方面的研究。

作为公共利益的守护者，当专业会计师将其职业判断及附带的道德问题交给机器时，他们不仅要确保数据和有关程序技术的获取使用合法、真实、安全和可信任，还要确保人工智能的算法、参数设计和性能的公开透明，避免大数据和人工智能对特定人群存在偏见和歧视。其中最为重要的一点就是，会计师必须清晰界定如何使用数字技术以及由此带来的结果和责任，考虑清楚什么是自己的道德，什么是机器的道德。例如，会计师是否允许在尚不明确技术对道德决策影响的情况下就采用相关技术？将人工智能技术运用于业务中如果出现问题，会计师是否应该承担责任以及承担什么样的责任？当技术应用出现违法行为或失误时是否可以判断违反道德守则的情况已经发生？道德是从编写初始算法的程序员那里延伸出来的吗？假设机器不能被编程来识别复杂的道德困境，道德问题就可以被忽视吗？数字机器如何处理传统会计和审计程序限制之外的问题？人工智能在多大程度上能够比职业会计师更好地理解业务的复杂性？在什么情况下，专业的会计师能够比人工智能更好地把握交易复杂性及其背后的真实意图？如果在原始算法或程序中没有预想到道德困境的相关问题，人工智能应如何解决？判断人工智能技术违反道德守则的理论依据是什么？违反守则的判定依据与对不同类型会计师违反守则的判定标准和要求是否相同？由传统的"会计师-道德"的二维体系演变为"会计师-技术-道德"的三维构成，数字经济时代会计职业道德守则的框架体系是否也要做出相应调整？应该构建什么样的职业道德准则体系？不难看出，在使用大数据、探索人工智能的优势以及考虑使用有关新兴技术的道德行为影响时，最重要、最核心的就是需要进一步深入了解并明确可能出现的边界和带来的问责制问题，即谁最终要为人工智能或机器做出的道德决策结果负责。

作为农业经济和工业经济之后产生的新经济形态，数字经济通过将数据这一关键的生产要素与现代信息技术深度融合应用，已成为促进我国经济高质量发展的新力量和新增长点。为了适应不断变化的数字经济管理要求，应尽快对技术的使用与安全性进行权衡比较，确保大数据、区块链、人工智能等数字技术的使用与人类的基本价值取向相同。在这一前提下，再确定会计师需要掌握的新技术和新能力，将技术应用引发的职业道德问题及时反映在职业道德守则中，包括因过度依赖数字技术而难以保持专业胜任能力和应有的关注、通过恶意使用数字技术操纵会计数据、在共享经济等新的商业模式①下数字技术和数据的采集与应用等引发的道德问题。需要说明的是，尽管人工智能、大数据、区块链等技术对会计工具和方法产生了不同程度的影响，但是它目前还无法判断哪些结果更好或者更符合公众利益，即便可以决策，也需要评估并综合考虑各种潜在成本和隐藏的风险，因此职业道德守则在促进数字经济发展的同时，职业判断也将继续在道德决策过程中发挥重要的作用。

随着有关研究的推进，未来会计职业道德守则的制定应以功利主义道德观、义务理论和道德伦理学等多个理论为基础，更多关注技术实施过程中的各类算法引发的道德问题。在大数据和人工智能的应用场景下更多地要关注算法这个方面，Martin（2019）强调了决策错误（包括人与系统）发生的必然性。因此，有必要将人工智能道德问责概念框架引入职业道德守则的内容中。这方面的相关研究可参考 Tóth 等（2022）的建议，如图 9-1 所示按照问责和强弱程度划分为四个聚类，每一个聚类都将道德分为超道德的（Supererogatory）、允许的（Permissible）、不道德的（Immoral）和非法的（Illegal）四类。通过四个聚类探索不同的人工智能应用环境如何与道德强度、代理和问责制的概念相互作用，提取不同位置的参与者的聚类，并促使人们考虑人工智能机器人使用问责制的一些基本结果。道德所处的位置和强弱程度根据责任分散和治理来进行判断。责任分散是指问责在不同行为主体和不同层次之间传播的程度，在确保人工智能机器人的道德使用方面，高责任分散给利益相关者带来了沟通和

---

① 数字技术改变了企业原有的商业模式。数字经济时代下，平台赋能使得企业信息无论在空间还是流量方面都不再受到限制，行业的边界被数据和算法打破，免费引流的产生、共享经济的兴起和跨界经营的频繁出现使得传统商业模式被颠覆，数据传递更为流畅，数字经济时代下企业的经营逻辑与传统工业时代相比发生了根本性改变。数字经济成为继农业经济和工业经济之后的一种新的社会经济发展形态。

协调方面的挑战。有关责任分散理论方面，较多的是与公司治理和企业社会责任等主题密切相关（Young & Marais，2012；Balakrishnan et al.，2017），因而可通过了解各层级内部和行动者之间的相互联系达成。考虑到人工智能在应用过程中的潜力会从机器人作为人类道德的被动接受者（程序化道德守则的对象）转换到高度活跃的代理人（道德判断的主体），因此随着时间的推移，人工智能机器人会在更宏观的社会层面上成为社会文化伦理规范的接受者和塑造者（Westerlund，2020）。道德的核心既可能会引发并塑造问责反应，强调设计者-使用者问责解决方案的作用（Bench-Capon，2020），也会引起更广泛的宏观层面的社会变革。

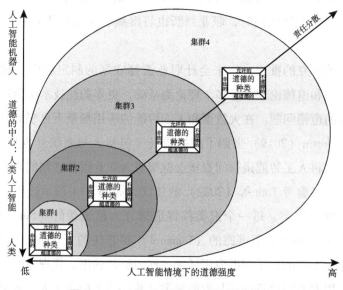

图9-1 人工智能机器人问责制的新框架

资料来源：Tóth 等（2022）。

（六）适当加大惩戒力度，建立完善的追责机制和评估体系

只有当决策的影响不侵犯受影响的利益相关者和决策者的权利时，该项决策才被认为是道德的。尽管公众追求公平待遇的期望是影响会计职业道德守则

变迁的一个重要因素，但是由于不可量化的决策评估影响了利益相关者之间的公平性，因此除非一个决定或一项行为被认为对所有利益相关者都是公平的，否则它都将被认为是不道德的。在会计行业中，道德行为是通过是否遵守一系列规定的规则和行为守则来判断的，从事不道德行为的个人会受到制裁和纪律处分。会计师可能也会失去执照和证书，被判入狱，并因做出错误的道德选择而被处以罚款。例如，《萨班斯-奥克斯利法案》在加强注册会计师独立性部分"要求加大公司的财务报告责任"中就明确规定了"强制要求公司高级财务人员遵循职业道德规则"，对于事务所或会计师个人故意、明知故犯或屡犯的过失行为进行处罚和制裁，在"加重了违法行为的处罚措施"部分增加了针对故意破坏或捏造文件以阻止、妨碍或影响联邦调查等有关违反道德规范的行为的刑罚。同样，英国增加了对违反道德规范行为的惩罚（Sikka et al.，2018）。由于目前面临"商业主义"① 的风险（Brouard et al.，2017），会计职业正在"走向商业化，不仅是审计实践，更重要的是审计师和整个行业本身"（Guo，2016），因此相应地对于道德守则有效性的评估主要聚焦在商业道德规范方面，涉及会计师职业道德规范的较少。无论从公平性角度还是从侧重点来看，未来都应结合具体的会计、审计职业判断及其应用场景，建立与技术进步和职业会计师对人工智能依赖相关的参数、责任或问责制（Munoko et al.，2020），通过构建强制履约机制，设立与基本原则、专业服务、利益冲突、收费等方面有关的量化指标，建立并进一步完善由法律（民事责任和刑事责任）惩戒、行政部门（财政部门和证券监督管理部门）惩戒和行业组织（中国注册会计师协会和证券交易所）惩戒相结合的三位一体的职业道德守则综合评价体系。以我国情况为例，从法律层面来看，由于违背职业道德行为可能会涉及刑事责任或民事责任，因此已有的《证券法》、《刑法》、《公司法》和《注册会计师法》都对此做了相应的规定。例如，对于注册会计师和会计师事务所泄露内幕信息，利用因职务便利获取的内幕信息以外的其他未公开的信息，

---

① 商业主义的最初含义是指为商家或企业所秉持的商业精神、目标方法及与其相适应的某种行为的总括，即为了获得利益或取得成功而展现出来的实践途径和行为观念。具体到会计行业来说，商业主义是把会计师当作追求个人利益最大化的经济人，把会计师向委托人提供的专业服务作为一种自由竞争的商业活动，会计师和会计师事务所把赚取利润放在首位，主要强调自己的商业利益。

编造、传播虚假信息或者误导性信息扰乱证券市场，制作、出具有虚假记载、误导性陈述或重大遗漏的文件以及故意提供虚假证明文件等违法违规行为，注册会计师和会计师事务所应根据《证券法》第五十三条、第五十四条、第五十六条、第五十七条、第八十四条和第八十五条等依法承担民事责任，包括相应的赔偿责任或与委托人承担连带赔偿责任；对于注册会计师和会计师事务所从事的内幕交易行为（例如，在证券、期货交易或者其他对证券、期货交易价格有重大影响的信息尚未公开前买入或者卖出证券、从事与内幕信息有关的期货交易，或者泄露信息，明示、暗示他人从事交易活动，以及利用因职务便利获取的内幕信息以外的其他未公开的信息）、编造传播虚假信息（例如，编造并传播影响证券、期货交易的虚假信息，扰乱证券、期货交易市场）以及故意提供虚假证明文件等违法违规行为，根据情节严重情况，分别按照《刑法》第一百八十条、第一百八十一条和第二百二十九条的规定，给予"处五年以下有期徒刑或者拘役，并处或者单处违法所得一倍以上五倍以下罚金；情节特别严重的，处五年以上十年以下有期徒刑，并处违法所得一倍以上五倍以下罚金"、"处五年以下有期徒刑或者拘役，并处或者单处一万元以上十万元以下罚金"、"处五年以下有期徒刑或者拘役，并处罚金"以及"处五年以上十年以下有期徒刑，并处罚金"等刑事处罚。从行政部门来看，目前主要有财政部和中国证监会负责对注册会计师和会计师事务所的职业道德行为进行监督，对不拒绝委托人的不合理要求、未指明委托人的不当财务会计处理以及对于注册会计师和会计师事务所未勤勉尽责（例如，虚假记载、误导性陈述或者重大遗漏）、违反文件资料保存义务（例如，未按照规定保存有关文件和资料以及泄露、隐匿、伪造、篡改或者毁损有关文件和资料）、通过不正当途径获取所得（例如，存在内幕交易、利用未公开信息交易、编造或传播虚假或误导性信息）等违反会计职业道德的各种行为，《证券法》第十三章"法律责任"第一百八十条、第一百八十一条、第一百八十二条、第一百九十条、第一百九十二条、第二百零六条、第二百一十条、第二百一十三条、第二百一十四条等分别对此做出了"责令改正""没收业务收入""给予警告，没收业务收入，并处以业务收入一倍以上十倍以下的罚款""没有业务收入或者业务收入不足五十万元的，处以五十万元以上五百万元以下的罚款""没收违法所得，并处以违法所得一倍以上十倍以下的罚款""并处暂停、撤销相关业务许可或者禁止从事相关业务"等行政处罚，通过警告、罚款、暂停或取消业务资格等行政处罚手段对相关行为进行惩戒。从行业组织层面来看，当前主要由中国注册会计师协会下设的惩戒委员会、上海证券交易所和深圳证券交易所负责对在执业活动中违反诚信原则、违反有关独立性的相关要求、违反客观和公正原则、缺乏专业胜任能力、违反保密原则以及在提供专业服务时违反有关收费的相关规定等违反注册会计师职业道德守则和业务准则的行为，给予训诫、通报（告）批评、公开谴责、建议法院更换上市公司破产管理人或管理人成员、暂不接受会计师事务所提交的文件、暂不接受注册会计师签字的文件以及收取惩罚性违约金等纪律处分。为了更好地保护中小投资者的利益，近年来对出具虚假文件的会计师事务所和注册会计师的惩戒力度不断加大，新修订的《证券法》引入了具有中国特色的代表人诉讼制度，增加了与投资者保护机构诉讼和普通投资者代表诉讼等相关的内容，其中新增的第六章"投资者保护"的第九十五条明确规定，"投资者提起虚假陈述等证券民事赔偿诉讼时，诉讼标的是同一种类，且当事人一方人数众多的，可以依法推选代表人进行诉讼"。除此之外，针对部分注册会计师和事务所独立性不强、专业胜任能力不足、损害行业声誉、已有行政处罚标准偏低以及民事赔偿制度不健全等问题，财政部也在加快推进《注册会计师法》的修订工作，试图通过与其他法律法规相互弥补、相互衔接，建立透明报告制度、加大处罚力度、科学设定处罚标准等方式加大对违法违规职业道德行为的惩戒力度，完善责任承担机制。在下一步工作中，各个部门和各类组织可以采用联合监管惩戒的方式，通过建立黑名单制度对违反职业道德守则的会计师进行职业和个人的双重惩戒，职业方面包括从业资格限制、职业声誉档案记录以及法人代表、董事等职务限制，个人惩戒包括个人信贷、社会保障和职业责任险受限等。

党的二十大报告在第四部分"加快构建新发展格局，着力推动高质量发展"中明确提出，我国要推进高水平对外开放，稳步扩大规则、规制、管理、标准等制度型开放。随着中国证监会、财政部和美国公众公司会计监督委员会（PCAOB）在 2022 年 8 月正式签署审计监管合作协议，中美会计、审计跨境监管合作将会成为一个新常态。① 在这个过程中，我国可以借鉴美国公众公司会计监督委员会的经验改进会计信息质量。例如，美国在对事务所质量控制体系进行批评或对相关潜在缺陷予以认定时，如果是首次发现问题，一般不会做公开披露。但是在美国公众公司会计监督委员会检查报告发布后的一年内，如果事务所对报告中提出的批评或存在的潜在缺陷并未进行有效整改，或者整改措施和效果无法令监督委员会满意，其就会选择公开披露。这种及时跟进以及以整改问题为导向而非以惩戒为目的的处理方式更多地考虑了会计及审计行业的信誉和专业形象，尽可能降低了事务所层面出现的问题对市场的负面影响，避免外界对于错误的过度解读或夸大，整体上更有助于促进会计师行业的健康发展，有利于维护资本市场的长期稳定。类似地，考虑到检查结果可能对上市公司造成的不利影响，在披露发现问题的情况时，美国公众公司会计监督委员会仅公开被检查公司所处的行业大类，不涉及所抽查审计项目对应的公司名称，这种方式不仅能够指出审计中存在的风险点和薄弱环节，有助于提升行业整体水平，也在一定程度上避免了上市公司不必要的股价波动，有效维护了公司及社会公众利益。当然，被检查的上市公司有义务支持并配合相关检查，将发现的会计差错及时进行重述调整并承担相应的检查成本。作为高度自律的行业，良好的声誉是会计师取信于公众的基础，声誉受损会引发比索赔和罚款更严重的损失。因此，进一步加强对会计行业的监管、整治会计师行业的造假和舞弊乱象尽管极其有必要，但依靠过于严厉的法律处罚来鞭策会计行业的发展显然弊大于利。正如摩根大通董事会主席杰米·戴蒙在其《银行管理要义——杰米·戴蒙致股东信函内容录（2005—2020）》一书中所指出的那样，"在任何时候，任何业务，任何收入都不会比讲诚信、负责任、讲道德并且在法规允许范围内行事的义务更加重要"。作为监管机构，为了推动会计行业在资本市场上发挥更加积极正向的作用，美国公众公司会计监督委员会将维护行业声誉、增强公众对会计师的信任作为出发点，通过这种方式让会计师更加重视披露的信息质量和行业声誉，更好地强化合规意识，筑牢职业道德底线，这

---

① 2022 年 9 月至 11 月，PCAOB 在中国香港首次对普华永道和毕马威的两家中国会计师事务所普华永道中天和毕马威华振负责的中概股审计项目的工作底稿进行了检查，检查结果在 2023 年 5 月 10 日公开发布。

既是会计信息质量改进的基础，也是勤勉尽责专业精神的体现，更是服务社会公众利益的内在要求。

此外，为了促进职业道德守则的有效实施和统一应用，应继续加强各国及各部门之间的交流合作。长期以来，国际会计师职业道德准则理事会都在积极寻求与各国家及国际组织、监管机构和治理团体等主要利益相关方的支持合作，通过引入多个利益相关者、广泛的地域代表、充分的检查和制衡机制[①]以及对提名过程的审查等方式加强准则制定的独立性[②]。虽然可以认为会计职业的存在是为了满足公共需求（例如，资金交易记录的保存和保证），但该职业也有理由保护会计师的私人利益（例如，个人声誉和创造财富）。因此，研究市场行为主体谁应该负责监督会计专业人员的行为以保护公共利益、谁负责监督会计专业人员以保护专业人员的私人利益也同样是非常重要的。

三　小结

公众和公共会计职业之间的社会契约会使得双方都受益，这也是为什么社会授予公共会计职业应有的特权或权力的原因（Spalding & Lawrie，2019），而审计职能作用的大小也在于审计职业将其自身作为公共利益守护者的契约程度（Caldwell & Clapham，2003），因为只有这样才能更好地服务于公众更广泛的价值需求（Frankel，1989；Gilbert & Behnam，2009）。因此，会计信息具有公共物品的属性，会计职业的一个显著标志就是它承担着为公众利益行事的责任。无论是公众利益与客户或雇主利益发生冲突还是公众利益、客户或雇主利益与会计师自身利益发生冲突，都要以公众利益为重。需要指出的是，保护公

---

① 以资金方面为例，监管组织（MG）指出资金的筹集和使用应当独立于准则制定委员会，建议通过对会计师事务所进行合同征收的方式来筹集资金，效仿 IFRS 基金会受托人的方式来运作。

② 国际会计师联合会的资金是由其成员组织及全球会计行业通过自愿捐款的方式予以资助的，它为下属的国际会计师职业道德准则理事会提供资金及人员支持，同时管理准则制定委员会的提名过程，而多数委员会成员和技术顾问也来自审计事务所及专业会计机构，因此这种管理模式极大地影响了准则制定的独立性，对公众利益产生了不利影响。对此，包括金融稳定委员会（FSB）和巴塞尔银行监管委员会（BCBS）等在内的监管组织（MG）在 2017 年 11 月 9 日发布了题为《加强公众利益领域与审计相关的国际准则制定委员会的治理和监督》的文件，旨在解决准则制定缺乏独立性的问题。

众利益和确保每个人都得到公平对待虽然被认为是衡量会计师提供服务质量的主要标准，但是公平对待所有利益相关方并非意味着要不惜一切代价维护所有人的最高利益。尽管业务准则能够从技术层面对会计信息的生产和程序等予以规范和控制，但是在这一过程中，委托人和受托人信息分布的严重不对称、人们所具有的机会主义动机以及效用函数的不一致性等因素导致会计舞弊和合谋行为时有发生，低劣甚至虚假的会计信息严重损害了公众利益，扰乱了资本市场秩序，所以必须通过一定的规则或制度安排来间接控制、保证并提高会计信息的质量。由于"职业者的技术水平通常是外行人所无法企及的，寻求这种职业技能和服务的人就不得不依靠职业者的声望，或者依靠开业者的职业道德准则"（索耶，1990），因此需要通过注册会计师的职业道德观念来调节会计师与业务各方当事人的关系，职业道德守则对外起到了"信号显示"的作用。道德守则的每次修订都是会计职业界对社会公众参与的积极回应，通过职业道德公共合约"重签"的方式来传递"更好的信誉和更高的质量"这一积极信号，从而树立职业形象，赢得公众信任。

高质量的会计信息披露已成为促进资本市场健康发展的关键。信息技术的发展、法律条款的更新及执业环境的变化等使得会计职业道德守则必将相应地发生改变。随着我国资本市场注册制的全面推开，对于上市公司会计信息披露的要求也越来越严格。为了更好地发挥资本市场的重要作用，推进数字经济时代国家治理体系和治理能力现代化，有关监管和政策制定机构应当以已有的会计职业道德守则为基础，认真研究并深入把握会计职业道德发展的趋势和规律，积极推动数字经济时代的会计职业道德守则建设，对于受数字技术和新商业模式影响而新出现的、体现数字经济时代特征和特定要求的会计职业道德内容予以及时地更新和完善，在保证各类数据和技术应用的合法性、安全性和可控性的同时，也确保各相关方的利益在资源有限的情况下实现最优解。

参考文献

一 中文文献

IFAC，2020，《国际准则：2019 年全球状况报告》。

〔美〕埃莉诺·奥斯特罗姆（Elinor Ostrom），2012，《公共事物的治理之道：集体行动制度的演进》，余逊达、陈旭东译，上海译文出版社。

〔美〕彼得·德鲁克（Peter F. Drucker），2019，《管理：使命、责任、实践（实践篇）》，陈驯译，机械工业出版社。

陈汉文，2003，《论注册会计师职业道德准则性质与框架》，《会计之友》第 1 期。

陈汉文、邓华炳，1999，《注册会计师职业行为准则研究》，中国金融出版社。

陈汉文、韩洪灵，2005，《注册会计师职业道德准则之变迁——基于公共合约观的描述与分析》，《审计研究》第 3 期。

陈汉文、韩洪灵，2019，《审计理论与实务》，中国人民大学出版社。

陈汉文、韩洪灵，2020，《商业伦理与会计职业道德》，中国人民大学出版社。

陈汉文、韩洪灵、刘思义、程鑫，2021，《中国注册会计师职业道德惩戒系统研究》，《中国注册会计师》第 7 期。

陈汉文、林志毅，1996，《建议设立注册会计师职业道德委员会》，《财会月刊》第 11 期。

〔美〕陈汉文、王金妹、刘思义、杨道广，2022，《审计委员会透明度与会计信息质量——基于履职情况披露的经验证据》，《管理评论》第 1 期。

道格拉斯·C. 诺思，2014，《制度、制度变迁与经济绩效》，杭行译，上海人民出版社。

杜兴强、肖亮、张乙祺，2022，《"一带一路"沿线国中国企业外部审计治理与公司信息披露质量》，《中央财经大学学报》第 5 期。

杜兴强、周泽将，2009，《信息披露质量与代理成本的实证研究——基于深圳证券交易所信息披露考评的经验证据》，《商业经济与管理》第 12 期。

〔英〕弗里德里希·奥古斯特·冯·哈耶克，1997，《自由秩序原理》，邓正来译，生活·读书·新知三联书店。

〔英〕弗里德里希·奥古斯特·冯·哈耶克，2015，《通往奴役之路》，王明毅、冯兴元等译，中国社会科学出版社。

格雷厄姆·沃德，2006，《国际会计师联合会强化全球会计行业的重要举措》，《中国注册会计师》第 8 期。

韩洪灵、陈汉文，2007，《会计职业道德之性质与实施：契约理论视角的解说》，《当代财经》第 2 期。

韩洪灵、刘思义、鲁威朝、陈汉文，2020，《基于瑞幸事件的做空产业链分析——以信息披露为视角》，《财会月刊》第 8 期。

何平林、孙雨龙、宁静、陈亮，2019，《高管特质、法治环境与信息披露质量》，《中国软科学》第 10 期。

贺平、兰伟、丁月，2021，《我国股票市场可以预测吗?——基于组合 LASSO-logistic 方法的视角》，《统计研究》第 5 期。

胡波、宋文力、张宇光，2002，《中国证券市场有效性实证分析》，《经济理论与经济管理》第 7 期。

〔德〕霍尔斯特·施泰因曼 (Horst Steinmann)、阿尔伯特·勒尔 (Albert Lohr)，2001，《企业伦理学基础》，李兆雄译，上海社会科学院出版社。

贾权、陈章武，2003，《中国股市有效性的实证分析》，《金融研究》第 7 期。

〔美〕劳伦斯·B. 索耶，1990，《现代内部审计实务》，汤云为译，中国商业出版社。

黎来芳、陈占燎，2018，《控股股东股权质押降低信息披露质量吗?》，《科学决策》第 8 期。

〔美〕加里·约翰·普雷维茨（Gary John Previts）、巴巴拉·达比斯·莫里诺（Barbara Dubis Merino），2006，《美国会计史（会计的文化意义）》，杜兴强、于竹丽等译，中国人民大学出版社。

林毅夫，1994，《关于制度变迁的经济学理论：诱致性变迁与强制性变迁》，读书笔记。

林毅夫，2010，《林毅夫自选集》，山西经济出版社。

刘峰，1996，《会计准则研究》，东北财经大学出版社。

刘峰、王吴庆，2004，《从 FASB 第 141、142 号准则制定过程看会计准则的性质——兼论高质量会计准则问题》，《财会通讯》第 11 期。

柳木华，2009a，《矫枉过正：评会计职业道德守则的发展方向》，《审计与经济研究》第 2 期。

柳木华，2009b，《哪些因素决定了会计职业道德守则的变迁——以 AICPA 职业行为守则 502 规则为例》，《审计研究》第 2 期。

鲁清仿、杨雪晴，2020，《管理层能力对信息披露质量的影响研究》，《科研管理》第 7 期。

〔加拿大〕伦纳德·布鲁克斯、保罗·邓恩，2019，《商业伦理与会计职业道德》（英文版·第 8 版），中国人民大学出版社。

〔美〕罗伯特·K. 莫茨、〔埃及〕侯赛因·A. 夏拉夫，1990，《审计理论结构》，文硕等译，中国商业出版社。

〔英〕罗纳德·H. 科斯（Ronald H. Coase）等，2014，《财产权利与制度变迁：产权学派与新制度学派译文集》，刘守英等译，上海人民出版社。

〔美〕罗纳德·杜斯卡、布伦达·杜斯卡，2005，《会计伦理学》，范宁、李朝霞译，北京大学出版社。

马向前、任若恩，2002，《基于市场效率的中国股市波动和发展阶段划分》，《经济科学》第 1 期。

〔美〕迈克尔·查特菲尔德（Michael Chatfield），2017，《会计思想史》，

文硕、董晓柏、王骥、黄梅艳、汤谷良、肖泽忠等译，立信会计出版社。

〔美〕曼纽尔·G. 贝拉斯克斯（Manuel G. Velasquez），2013，《商业伦理：概念与案例（第7版）》，刘刚、程熙镕译，中国人民大学出版社。

潘洪波、韩芳芳，2016，《纵向兼任高管、产权性质与会计信息质量》，《会计研究》第7期。

潘琰、陈凌云、林丽花，2003，《会计准则的信息含量：中国会计准则与IFRS之比较》，《会计研究》第7期。

潘琰、辛清泉，2003，《论审计合约与审计质量——基于不完全契约理论的现实思考》，《审计研究》第5期。

〔美〕乔治·恩德勒（Georges Enderle），2002，《面向行动的经济伦理学》，高国希、吴新文等译，上海社会科学院出版社。

瑞栢律师事务所译，2018，《欧盟〈一般数据保护条例〉GDPR》（汉英对照），法律出版社。

谭艳艳，2012，《AICPA、IFAC与CICPA会计职业道德准则的对比分析》，《财会月刊》第15期。

谭艳艳、汤湘希，2012a，《会计价值观问题研究——会计伦理行为决策优化》，经济科学出版社。

谭艳艳、汤湘希，2012b，《会计伦理决策影响因素研究——基于计划行为理论的检验》，《会计研究》第9期。

田高良、李留闯、李鹏、齐堡垒，2010，《新企业会计准则对会计信息质量的影响研究》，《当代经济科学》第3期。

王少平、杨继生，2006，《联合P值综列单位根检验的扩展及其对中国股市的弱有效性检验》，《统计研究》第4期。

王艳艳、陈汉文，2006，《审计质量与会计信息透明度——来自中国上市公司的经验数据》，《会计研究》第4期。

〔美〕威廉·H. 比弗，2009，《财务呈报会计革命》（英文版·第3版），中国人民大学出版社。

魏明海、陈胜蓝、黎文靖，2007，《投资者保护研究综述：财务会计信息的作用》，《中国会计评论》第1期。

文硕，1996，《世界审计史》，企业管理出版社。

吴水澎，1994，《会计学原理》，辽宁人民出版社。

徐经长、李兆芃，2022，《薪酬管制与会计信息质量——基于超额薪酬的中介效应》，《经济理论与经济管理》第 9 期。

〔英〕亚当·斯密（Adam Smith），2022，《道德情操论》，上海译文出版社。

杨之曙、彭倩，2004，《中国上市公司收益透明度实证研究》，《会计研究》第 11 期。

叶建芳、陈辉发、蒋义宏，2010，《法律渊源、投资者保护与审计质量——来自全球主要股票市场的证据》，《审计研究》第 4 期。

叶钦华、黄世忠、叶凡、徐珊，2022，《严监管下的财务舞弊分析——基于 2020~2022 年的舞弊样本》，《财会月刊》第 13 期。

张俊瑞、仇萌、张志超、马晨，2022，《"深港通"与前瞻性信息披露——基于上市公司年报语言将来时态特征的研究》，《证券市场导报》第 4 期。

郑也夫，2001，《信任论》，中国广播电视出版社。

《财政部印发〈注册会计师行业诚信建设纲要〉》，http：//www. mof. gov. cn/caizhengshipin/czsy/202303/t20230329_3875769. htm，2023 年 3 月 29 日。

《关于瑞幸咖啡财务造假调查处置工作情况的通报》，http：//www. csrc. gov. cn/csrc/c100028/c1000725/content. shtml，2020 年 7 月 31 日。

《截至 2022 年 12 月 31 日，全国各省市执业注册会计师人数和非执业会员人数》，https：//mp. weixin. qq. com/s/HlszotA1XppFD b0j1OYxMw，2023 年 3 月 20 日。

《深圳证监局关于对亚太（集团）会计师事务所（特殊普通合伙）及注册会计师韩显、吴平权采取出具警示函措施的决定》，http：//www. csrc. gov. cn/shenzhen/c104320/c1582670/content. shtml，2019 年 12 月 6 日。

《习近平主持中共中央政治局第三十七次集体学习》，http：//www. gov. cn/xinwen/2016-12/10/content_5146257. htm，2016 年 12 月 10 日。

《证监会对康得新等作出处罚及禁入告知》，http：//www. csrc. gov. cn/

csrc/c100028/c1000967/content. shtml，2019 年 7 月 5 日。

《证监会对康美药业作出行政处罚及禁入决定》，http：//www. csrc. gov. cn/csrc/c100028/c1000782/content. shtml，2020 年 5 月 14 日。

《中共中央办公厅　国务院办公厅印发〈关于进一步加强财会监督工作的意见〉》，http：//www. gov. cn/xinwen/2023 - 02/15/content_ 5741628. htm，2023 年 2 月 15 日。

《中国注册会计师协会关于印发〈中国注册会计师职业道德守则（2020）〉和〈中国注册会计师协会非执业会员职业道德守则（2020）〉的通知》，https：//www. cicpa. org. cn/ztzl1/Professional_standards/Professional_ ethics/202012/t20201218_60661. html，2020 年 12 月 18 日。

《中国注册会计师协会关于印发〈中国注册会计师职业道德守则〉和〈中国注册会计师协会非执业会员职业道德守则〉的通知》，https：//www. cicpa. org. cn/ztzl1/Professional_ standards/Professional_ ethics/201002/t20100202_ 60647. html，2010 年 2 月 2 日。

《中华人民共和国公司法》，http：//www. npc. gov. cn/zgrdw/npc/xinwen/2018-11/05/content_2065671. htm，2018 年 11 月 6 日。

《中华人民共和国刑法》，https：//flk. npc. gov. cn/detail2. html?ZmY4MDgxODE3OTZhNjM2YTAxNzk4MjJhMTk2NDBjOTI，2020 年 12 月 26 日。

《中华人民共和国证券法（2019 修订）》，http：//www. csrc. gov. cn/jilin/c105398/c1268060/content. shtml，2020 年 6 月 12 日。

《中华人民共和国注册会计师法（2014 修正）》，https：//zcfg. cs. com. cn/chl/33e9784b97a30235bdfb. html?libraryCurrent＝history，2014 年 8 月 31 日。

《中注协发布新修订的职业道德守则》，https：//www. cicpa. org. cn/ztzl1/Professional_ standards/Professional_ethics/2020 12/t20201218_ 60662. html，2020 年 12 月 18 日。

二　英文文献

Abbott, A. , 1983, "Professional Ethics", *American Journal of Sociology*, Vol. 88,

No. 5, pp. 855-885.

ACCA, 2012, *The Role of Accountancy in Economic Development*, http: // www. accaglobal. com/content/dam/acca/global/PDF – technical/global – economy/ pol-tp-raed. pdf.

ACFE, 2022, *Occupational Fraud 2022: A Report to the Nations*, https: // legacy. acfe. com/report-to-the-nations/2022/#explore.

Adams, J. S., Tashchian, A., Shore, T. H., 2001, "Codes of Ethics as Signals for Ethical Behavior", *Journal of Business Ethics*, Vol. 29, No. 3, pp. 199-211.

Aicardi, C., Fothergill, B. T., Rainey, S., Stahl, B. C., Harris, E., 2018, "Accompanying Technology Development in the Human Brain Project: From Foresight to Ethics Management", *Futures*, Vol. 102, pp. 114-124.

AICPA, 1986, *Restructuring Professional Standards to Achieve Professional Excellence in a Changing Environment*, New York.

AICPA, 1987, *In the Public Interest: A New Conceptual Framework for Auditor Independence*, New York.

AICPA, 1988, *Statement on Auditing Standards (SAS) No. 53: The Auditor 's Responsibility to Detect and Report Errors and Irregularities* (American Institute of Certified Public Accountants, Durham).

AICPA, 2002a, *A History of Accounting & Auditing Standards*, New York.

AICPA, 2002b, *Consideration of Fraud in a Financial Statement Audit. Statement on Auditing Standards No. 99*, New York.

AICPA, 2008, *Code of Professional Conduct and Bylaws*, https: //us. aicpa. org/content/dam/aicpa/research/standards/codeofconduct/downloadabledocuments/ 2008codeofprofessionalconduct. pdf.

AICPA, 2010, *Code of Professional Conduct*, https: //us. aicpa. org/content/ dam/aicpa/research/standards/codeofconduct/downloadabledocuments/2010june1co deofprofessionalconduct. pdf.

AICPA, 2013, *Code of Professional Conduct and Bylaws* (as of June 1, 2013), New York: American Institute of Certified Public Accountants Inc.

AICPA, 2014, *Code of Professional Conduct*, https：//us. aicpa. org/content/ dam/aicpa/research/standards/codeofconduct/downloadabledocuments/2014december 14codeofprofessionalconduct. pdf.

AICPA, 2016, *Code of Professional Conduct*, https：//us. aicpa. org/ content/dam/aicpa/research/standards/codeofcondu.

AICPA, 2020, *QC Section 10: A Firm's System of Quality Control*, https：// www. aicpa-cima. com/resources/download/qc-sec-10-of-sqcs-8-a-firms- system-of-quality-control.

AICPA, 2021, *Exposure Draft*, *Proposed Revised*, *AICPA Code of Professional Conduct*, https：//us. aicpa. org/content/dam/aicpa/interestareas/professionalethics/ community/exposuredrafts/downloadabledocuments/2021/unpaidfeesnewyorkstatesoci etyofcpas. pdf.

AICPA, 2022a, *AICPA Standards for Performing and Reporting on Peer Reviews*, https：//us. aicpa. org/content/dam/aicpa/research/standards/peerreview/downloada bledocuments/56175896-clarifiedpeerreviewstandards. pdf.

AICPA, 2022b, *Conceptual Framework Toolkit for Members in Business*, https：//us. aicpa. org/content/dam/aicpa/interestareas/professionalethics/resources/ downloadabledocuments/toolkitsandaids/conceptual-framework-toolkit-for-members- in-business-final. pdf.

AICPA, 2022c, *Conceptual Framework Toolkit for Members in Public Practice*, https：//us. aicpa. org/content/dam/aicpa/interestareas/professionalethics/resources/ downloadabledocuments/toolkitsandaids/conceptual-framework-toolkit-for-members- in-public-practice-final. pdf.

AICPA, 2022d, *Conceptual Framework Toolkit for Independence*, https：// us. aicpa. org/content/dam/aicpa/interestareas/professionalethics/resources/downloa dabledocuments/toolkitsandaids/conceptual-framework-toolkit-for-independence- final. pdf.

AICPA, 2022e, *AICPA Standards for Performing and Reporting on Peer Reviews*, https：//us. aicpa. org/content/dam/aicpa/research/standards/peerreview/downloada bledocuments/56175896-clarifiedpeerreviewstandards. pdf.

AICPA, 2022f, *AICPA Peer Review Program Manual*, https: //www. aicpa-cima. com/cpe-learning/publication/aicpa-peer-review-program-manual-OPL.

AICPA, 2023, *Exposure Draft: Proposed Revised Interpretation Uniform CPA Examination and Continuing Professional Education* (ET sec. 1. 400. 020, 2. 400. 020, and 3. 400. 020), https: //us. aicpa. org/content/dam/aicpa/interestareas/professionalethics/community/exposuredrafts/downloadabledocuments/2023/2023solicitation exposure. pdf.

Akkeren, J. V. and Buckby, S. , 2017, "Perceptions on the Causes of Individual and Fraudulent Co-offending: Views of Forensic Accountants", *Journal of Business Ethics*, Vol. 146, No. 2, pp. 383–404.

Allan, S. , 1993, "Taking Care of Ethics", *CA Magazine*, Vol. 126, No. 9.

Allen, J. and Davis, D. , 1993, "Assessing Some Determinant Effects of Ethical Consulting Behavior: The Case of Personal and Professional Values", *Journal of Business Ethics*, Vol. 12, No. 6, pp. 449–458.

Allen, K. , 1991, "In Pursuit of Professional Dominance: Australian Accounting 1953–1985", *Accounting, Auditing & Accountability Journal*, Vol. 4, No. 1, pp. 51–67.

Allen, W. T . , 1997, *Auditor Independence and the Promotion of the Public Interest*, Second Annual Seymour Jones Distinguished Lecture, Ross Institute of Accounting, New York University.

Alles, M. and Gray, G. L. , 2020, "Will the Medium Become the Message? A Framework for Understanding the Coming Automation of the Audit Process", *Journal of Information Systems*, Vol. 34, No. 2, pp. 109–130.

Alleyne, P. , Hudiab, M. , Haniffa, R. , 2018, "The Moderating Role of Perceived Organizational Support in Breaking the Silence of Public Accountants", *Journal of Business Ethics*, Vol. 147, No. 3, pp. 509–527.

Andrew, J. and Baker, M. , 2021, "The General Data Protection Regulation in the Age of Surveillance Capitalism", *Journal of Business Ethics*, Vol. 168,

No. 3, pp. 565-578.

Ardelean, A. , 2013, "Auditors' Ethics and Their Impact on Public Trust", *Procedia-Social and Behavioral Sciences*, Vol. 92, No. 10, pp. 55-60.

Arjoon, S. , 2000, "Virtue Theory as a Dynamic Theory of Business", *Journal of Business Ethics*, Vol. 28, No. 2, pp. 159-178.

Arjoon, S. , 2006, "Striking a Balance between Rules and Principles-Based Approaches for Effective Governance: A Risks-Based Approach", *Journal of Business Ethics*, Vol. 68, No. 1, pp. 53-82.

Arjoon, S. , 2007, "Ethical Decision-Making: A Case for the Triple Font Theory", *Journal of Business Ethics*, Vol. 71, No. 4, pp. 395-410.

Armitage, J. L. and Moriarty, S. R. , 2016, "An Examination of AICPA Disciplinary Actions: 1980-2014", *Current Issues in Auditing*, Vol. 10, No. 2, pp. A1-A13.

Armstrong, M. B. , 1987, "Moral Development and Accounting Education", *Journal of Accounting Education*, Vol. 5, No. 1, pp. 27-43.

Arrington, C. E. and Francis, J. R. , 1993, "Giving Economic Accounts: Accounting as Cultural Practice", *Accounting, Organizations and Society*, Vol. 18, No. 2-3, pp. 107-124.

Arthurs, S. , 1970, "Discipline in the Legal Profession in Ontario", *Osgoode Hall Law Journal*, Vol. 7, No. 3, pp. 235-270.

Backof, J. F. and Martin, C. L. , 1991, "Historical Perspectives: Development of the Codes of Ethics in the Legal, Medical and Accounting Professions", *Journal of Business Ethics*, Vol. 10, No. 2, pp. 99-110.

Badaracco, J. L. and Webb, A. P. , 1995, "Business Ethics: A View from the Trenches", *California Management Review*, Vol. 37, No. 2, pp. 8-28.

Balakrishnan, J. , Malhorta, A. , Falkenberg, L. , 2017, "Multi-Level Corporate Responsibility: A Comparison of Gandhi's Trusteeship with Stakeholder and Stewardship Frameworks", *Journal of Business Ethics*, Vol. 141, No. 1, pp. 133-150.

Ball, R., Kothari, S. P., Robin, A., 2000, "The Effect of International Institutional Factors on Properties of Accounting Earnings", *Journal of Accounting and Economics*, Vol. 29, No. 1, pp. 1-51.

Ball, R., Robin, A., Wu, J. S., 2003, "Incentives Versus Standards: Properties of Accounting Income in Four East Asia Countries", *Journal of Accounting and Economics*, Vol. 36, No. 1-3, pp. 235-270.

Bao, B. H. and Chow, L., 1999, "The Usefulness of Earning and Book Value in Emerging Markets: Evidence from Listed Companies in The People's Republic of China", *Journal of International Financial Management and Accounting*, Vol. 10, No. 2, pp. 85-104.

Barr-Pulliam, D., 2017, "The Relationship between Internal Audit Assurance Frequency and Earnings Management Intent and Behavior: A Theory of Planned Behavior Approach", Available at SSRN 3093735.

Barsky, A., 2008, "Understanding the Ethical Cost of Organizational Goal-Setting: A Review and Theory Development", *Journal of Business Ethics*, Vol. 81, No. 1, pp. 63-81.

Baud, C., Brivot, M., Himick, D., 2021, "Accounting Ethics and the Fragmentation of Value", *Journal of Business Ethics*, Vol. 168, No. 2, pp. 373-387.

Baudot, L., Roberts, R. W., Wallace, D. M., 2017, "An Examination of the U. S. Public Accounting Profession's Public Interest Discourse and Actions in Federal Policy Making", *Journal of Business Ethics*, Vol. 142, No. 2, pp. 203-220.

Bayou, M. E., Reinstein, A., Williams, P. F., 2011, "To Tell the Truth: A Discussion of Issues Concerning Truth and Ethics in Accounting", *Accounting, Organizations and Society*, Vol. 36, No. 2, pp. 109-124.

Beadle, R., 2013, "Managerial Work in a Practice-Embodying Institution: The Role of Calling, the Virtue of Constancy", *Journal of Business Ethics*, Vol. 113, No. 4, pp. 679-690.

Beasley, M. S. and Hermanson, D. R., 2004, "Going Beyond Sarbanes-Oxley Compliance: Five Keys to Creating Value", *CPA Journal*, Vol. 74, No. 6, pp. 11-13.

Beasley, M. S. , 1996, "An Empirical Analysis of the Relation between the Board of Director Composition and Financial Statement Fraud", *The Accounting Review*, Vol. 71, No. 4, pp. 443-465.

Becker, C. L. , Defond, M. L. , Jiambalvo, J. , Subramanyam, K. R. , 1998, "The Effect of Audit Quality on Earnings Management", *Contemporary Accounting Research*, Vol. 15, No. 1, pp. 1-24.

Beekun, R. I. , Hamdy, R. , Westerman, J. W. , HassabElnaby, H. R. , 2008, "An Exploration of Ethical Decision-making Processes in the United States and Egypt", *Journal of Business Ethics*, Vol. 82, No. 3, pp. 587-605.

Bench-Capon, T. J. M. , 2020, "Ethical Approaches and Autonomous Systems", *Artificial Intelligence*, Vol. 281, p. 103239.

Bennett, B. , Bradbury, M. , Prangnell, H. , 2006, "Rules, Principles and Judgements in Accounting Standards", *ABACUS*, Vol. 42, No. 2, pp. 189-204.

Bies, S. , 2002, "Speech at the National Conference on Banks and Savings Institutions", American Institute of Certified Public Accountants, Washington, D. C. , No. 7.

Bigman, Y. E . , Waytz, A. , Alterovitz, R. , Gray, K. , 2019, "Holding Robots Responsible: The Elements of Machine Morality", *Trends in Cognitive Sciences*, Vol. 23, No. 5, pp. 365-368.

Black, E. L. , Burton, F. G. , Cieslewicz, J. K. , 2022, "Improving Ethics: Extending the Theory of Planned Behavior to Include Moral Disengagement", *Journal of Business Ethics*, Vol. 181, No. 4, pp. 945-978.

Blodgett, M. S. and Carlson, P. J. , 1997, "Corporate Ethics Codes: A Practical Application of Liability Prevention", *Journal of Business Ethics*, Vol. 16, No. 12-13, pp. 1363-1369.

Brey, P. A. E. , 2012, "Anticipating Ethical Issues in Emerging IT", *Ethics and Information Technology*, Vol. 14, No. 4, pp. 305-317.

Brief, A. P. , Dukerich, J. M. , Brown, P. R. , Brett, J. F. , 1996,

"What's Wrong with the Treadway Commission Report? Experimental Analyses of the Effects of Personal Values and Codes of Conduct on Fraudulent Financial Reporting", *Journal of Business Ethics*, Vol. 15, No. 2, pp. 183-198.

Brink, W. D., Grenier, J. H., Pyzoha, J. S., Reffett, A., 2019, "The Effects of Clawbacks on Auditors' Propensity to Propose Restatements and Risk Assessments", *Journal of Business Ethics*, Vol. 158, No. 2, pp. 313-332.

Brooks, L. J., 1989, "Ethical Codes of Conduct: Deficient in Guidance for the Canadian Accounting Profession", *Journal of Business Ethics*, Vol. 8, No. 5, pp. 325-335.

Brouard, F., Bujaki, M., Durocher, S., Neilson, L. C., 2017, "Professional Accountants' Identity Formation: An Integrative Framework", *Journal of Business Ethics*, Vol. 142, No. 2, pp. 225-238.

Brown, B., Chui, M., Manyika, J., 2011, "Are You Ready for the Era of 'Big Data'?", *McKinsey Quarterly*, https://www.mckinsey.com/business-functions/strategy-and-corporate-finance/our-insights/are-you-ready-for-the-era-of-big-data.

Brown, J. N., 1989, "Why Do Wage Increase with Tenure", *American Economic Review*, Vol. 79, No. 5, pp. 971-991.

Brown, M. E. and Treviño, L. K., 2006, "Ethical Leadership: A Review and Future Directions", *The Leadership Quarterly*, Vol. 17, No. 6, pp. 595-616.

Brown, M. E., Treviño, L. K., Harrison, D. A., 2005, "Ethical Leader-ship: A Social Learning Perspective for Construct Development and Testing", *Organizational Behavior and Human Decision Processes*, Vol. 97, No. 2, pp. 117-134.

Brown, R., 2014, *A History of Accounting and Accountants*, New York: Routledge.

Brusoni, S. and Vaccaro, A., 2017, "Ethics, Technology and Organizational Innovation", *Journal of Business Ethics*, Vol. 143, No. 2, pp. 223-226.

Brynjolfsson, E., Hammerbacher, J., Stevens, B., 2011, "Competing through Data: Three Experts Offer Their Game Plans", *McKinsey Quarterly*, https://www.mckinsey.com/capabilities/growth-marketing-and-sales/our-insights/competing-through-data-three-experts-offer-their-game-plans.

Bughin, J., Livingston, J., Marwaha, S., 2011, "Seizing the Potential of 'Big Data'", *McKinsey Quarterly*, https://www.mckinsey.com/capabilities/mckinsey-digital/our-insights/seizing-the-potential-of-big-data.

Bushman, R., Chen, Q., Engel, E., Smith, A., 2004, "Financial Accounting Information. Organizational Complexity and Corporate Governance Systems", *Journal of Accounting and Economics*, Vol. 37, No. 2, pp. 167-201.

Caldwell, C. and Clapham, S. E., 2003, "Organizational Trustworthiness: An International Perspective", *Journal of Business Ethics*, Vol. 47, No. 4, pp. 349-365.

Callahan, J. C., 1988, *Ethical Issues in Professional Life*, Oxford: Oxford University Press.

Camenisch, P. F., 1983, *Grounding Professional Ethics in a Pluralistic Society*, New York: Haven Publications.

Campbell, K. A., 2015, "Can Effective Risk Management Signal Virtue-based Leadership?", *Journal of Business Ethics*, Vol. 129, No. 1, pp. 115-130.

Canary, H. E. and Jennings, M. M., 2008, "Principles and Influence in Codes of Ethics: A Center Resonance Analysis Comparing Pre- and Post-Sarbanes-Oxley Codes of Ethics", *Journal of Business Ethics*, Vol. 80, No. 2, pp. 263-278.

Cardona, R. J., Rezaee, Z., Rivera-Ortiz, W., Vega-Vilca, J. C., 2020, "Regulatory Enforcement of Accounting Ethics in Puerto Rico", *Journal of Business Ethics*, Vol. 167, No. 1, pp. 63-76.

Carey, J. L., 1946, *Professional Ethics of Public Accounting*, New York: American Institute of Certified Public Accountants.

Carlin, J., 1966, *Lawyers Ethics*, New York: Sage Publications.

Carnegie, G. D. and Napier, C. J., 2010, "Traditional Accountants and Business Professionals: Portraying the Accounting Profession after Enron", *Accounting, Organizations and Society*, Vol. 35, No. 3, pp. 360-376.

Caza, A., Barker, B. A., Cameron, K. S., 2004, "Ethics and Ethos: The Buffering and Amplifying Effects of Ethical Behavior", *Journal of Business Ethics*, Vol. 52, No. 2, pp. 169–178.

Chen, C. J. P., Su, X., Wu, X., 2010, "Auditor Changes Following a Big 4 Merger with a Local Chinese Firm: A Case Study", *Auditing: A Journal of Practice & Theory*, Vol. 29, No. 1, pp. 41–72.

Cianci, A. M., Clor-Proell, S. M., Kaplan, S. E., 2019, "How Do Investors Respond to Restatements? Repairing Trust through Managerial Reputation and the Announcement of Corrective Actions", *Journal of Business Ethics*, Vol. 158, No. 2, pp. 297–312.

Cieslewicz, J. K., 2016, "Collusive Accounting Supervision and Economic Culture", *Journal of International Accounting Research*, Vol. 15, No. 1, pp. 89–108.

Cleek, M. A. and Leonard, S. L., 1998, "Can Corporate Codes of Ethics Influence Behavior?", *Journal of Business Ethics*, Vol. 17, No. 6, pp. 619–630.

Clements, C. E., Neill, J. D., Stovall, O. S., 2009a, "An Analysis of International Accounting Codes of Conduct", *Journal of Business Ethics*, Vol. 87, pp. 173–183.

Clements, C. E., Neill, J. D., Stovall, O. S., 2009b, "The Impact of Cultural Differences on the Convergence of International Accounting Codes of Ethics", *Journal of Business Ethics*, Vol. 90, No. 3, pp. 383–391.

Cohen, J., Ding, Y., Lesage, C., Stolowy, H., 2010, "Corporate Fraud and Managers' Behavior: Evidence from the Press", *Journal of Business Ethics*, Vol. 95, No. 2, pp. 271–315.

Cohen, J. R., Pant, L. W., Sharp, D. J., 1992, "Cultural and Socioeconomic Constraints on International Codes of Ethics: Lessons from Accounting", *Journal of Business Ethics*, Vol. 11, No. 9, pp. 687–700.

Collins, A. and Schultz, N., 1995, "A Critical Examination of the AICPA Code of Professional Conduct", *Journal of Business Ethics*, Vol. 14, No. 1, pp. 31–41.

Cooke, T. E. and Wallace, R. S. O., 1990, "Financial Disclosure Regulation and Its Environment: A Review and Further Analysis", *Journal of Accounting and Public Policy*, Vol. 9, No. 2, pp. 79-110.

Cooper, R. W. and Frank, G. L., 1997, "Helping Professionals in Business Behave Ethically: Why Business Cannot Abdicate Its Responsibility to the Profession", *Journal of Business Ethics*, Vol. 16, No. 12-13, pp. 1459-1466.

Core, J. E., 2001, "A Review of the Empirical Disclosure Literature: Discussion", *Journal of Accounting and Economics*, Vol. 31, No. 1-3, pp. 441-456.

Cowton, C. J., 2009, "Accounting and the Ethics Challenge: Remembering the Professional Body", *Accounting and Business Research*, Vol. 39, No. 3, pp. 177-189.

Cukier, K. and Mayer-Schönberger, V., 2013, *Big Data: A Revolution That Will Transform How We Live, Work, and Think*, Eamon Dolan/Houghton Mifflin Harcourt.

Cullinan, C., 2004, "Enron as a Symptom of Audit Process Breakdown: Can the Sarbanes-Oxley Act Cure the Disease?", *Critical Perspectives on Accounting*, Vol. 15, No. 6-7, pp. 853-864.

Dacin, M. T., Harrison, J. S., Hess, D., Killian, S., Julia, R., 2022, "Business Versus Ethics? Thoughts on the Future of Business Ethics", *Journal of Business Ethics*, Vol. 180, No. 3, pp. 863-877.

D'Cruz, P., Du, S., Noronha, E., Parboteeah, K. P., Praveen, K., Trittin-Ulbrich, H., Whelan, G., 2022, "Technology, Megatrends and Work: Thoughts on the Future of Business Ethics", *Journal of Business Ethics*, Vol. 180, No. 4, pp. 879-902.

De George, R. T., 2005, *A History of Business Ethics*, in *Proceedings of the Accountable Corporation*, California: Santa Clara University.

Dellaportas, S. and Davenport, L., 2008, "Reflections on the Public Interest in Accounting", *Critical Perspectives on Accounting*, Vol. 19, No. 7, pp. 1080-1098.

Dempsey, M., 2000, "Ethical Profit: An Agenda for Consolidation or for

Radical Change", *Critical Perspectives on Accounting*, Vol. 11, No. 5, pp. 531-548.

Deng, B., 2015, "Machine Ethics: The Robot's Dilemma", *Nature*, Vol. 523, pp. 24-26.

Desai, R. and Roberts, R., 2013, "Deficiencies in the Code of Conduct: The AICPA Rhetoric Surrounding the Tax Return Preparation Outsourcing Disclosure Rules", *Journal of Business Ethics*, Vol. 114, No. 3, pp. 457-471.

Devine, C. T., 1960, "Research Methodology and Accounting Theory Formation", *The Accounting Review*, Vol. 35, No. 3, p. 387.

Diamond, D. W. and Verrecchia, R. E., 1991, "Disclosure, Liquidity, and the Cost of Capital", *The Journal of Finance*, Vol. 46, No. 4, pp. 1325-1359.

Dicksee, L. R., 1951, *Auditing: A Practical Manual for Auditors (17th edition)*, London: Gee & Co.

Dien, D. S. F., 1982, "A Chinese Perspective on Kohlberg's Theory of Moral Development", *Developmental Review*, Vol. 2, No. 4, pp. 331-341.

Dillard, J. F. and Yuthas, K., 2002, "Ethical Audit Decisions: A Structuration Perspective", *Journal of Business Ethics*, Vol. 36, No. 1-2, pp. 49-64.

Duska, R. F. and Duska, B. S., 2005, *Accounting Ethics*, MA: Blackwell Publishing.

Eisenbeiß, S. A. and Brodbeck, F., 2014, "Ethical and Unethical Leadership: A Cross-Cultural and Cross-Sectoral Analysis", *Journal of Business Ethics*, Vol. 122, No. 2, pp. 343-359.

Espinosa-Pike, M., 1999, "Business Ethicsand Accounting Information. An Analysis of the Spanish Code of Best Practice", *Journal of Business Ethics*, Vol. 22, No. 3, pp. 249-259.

European Union, 2016, *General Data Protection Regulation*, https://eur-lex.europa.eu/legal-content/EN/TXT/? uri=CELEX%3A02016R0679-20160504&qid=1678839386819.

Everett, J., Friesen, C., Neu, D., Rahaman, A. S., 2018, "We Have Never Been Secular: Religious Identities, Duties, and Ethics in Audit Practice",

Journal of Business Ethics, Vol. 153, No. 4, pp. 1121-1142.

Everett, J., Green, D., Neu, D., 2005, "Independence, Objectivity and the Canadian CA Profession", *Critical Perspectives on Accounting*, Vol. 16, pp. 415-440.

Farrell, B. J. and Cobbin, D. M., 1996, "A Content Analysis of Codes of Ethics in Australian Enterprises", *Journal of Managerial Psychology*, Vol. 11, No. 1, pp. 37-55.

Farrell, B. J. and Cobbin, D. M., 2000, "A Content Analysis of Codes of Ethics from Fifty-Seven National Accounting Organizations", *Business Ethics: A European Review*, Vol. 9, No. 3, pp. 180-190.

Farrell, B. J., Cobbin, D. M., Farrell, H. M., 2002, "Can Codes of Ethics Really Produce Consistent Behaviours?", *Journal of Managerial Psychology*, Vol. 17, No. 6, pp. 468-490.

FASB, 1978, *Statement of Financial Accounting Concepts No. 1, Objectives of Financial Reporting by Business Enterprises.* Norwalk, State of Connecticut: Financial Accounting Standards Board.

Fatemi, D., Hasseldine, J., Hite, P., 2020, "The Influence of Ethical Codes of Conduct on Professionalism in Tax Practice", *Journal of Business Ethics*, Vol. 164, No. 1, pp. 133-149.

Ferrell, O. C. and Fraedrich, J., 1991, *Business Ethics: Ethical Decision Making and Cases*, Boston: Houghton Mifflin Company.

Finn, D. W., Chonko, L. B., Hunt, S. D., 1988, "Ethical Problems in Public Accounting: The View from the Top", *Journal of Business Ethics*, Vol. 7, No. 8, pp. 605-615.

Florio, C., Leoni, G., 2017, "Enterprise Risk Management and Firm Performance: The Italian Case", *The British Accounting Review*, Vol. 49, No. 1, pp. 56-74.

Francis, J., LaFond, R., Olsson, P. M., Schipper, K., 2004, "Cost of Equity and Earnings Attributes", *The Accounting Review*, Vol. 79, No. 4, pp. 967-1010.

Francis, J. R., Maydew, E. L., Sparks, H. C., 1999, "The Role of Big 6 Auditors in the Credible Reporting of Accruals", *Auditing: A Journal of Practice & Theory*, Vol. 18, No. 2, pp. 17-34.

Frankel, M. S., 1989, "Professional Codes: Why, How and with What Impact?", *Journal of Business Ethics*, Vol. 8, No. 2-3, pp. 109-115.

Frankena, W. K., 1973, *Ethics*, Englewood Cliffs: Prentice-Hall.

Friedman, M., 1970, "The Social Responsibility of Business Is to Increase Its Profits", *The New York Times*.

Gaynor, G. B., Janvrin, D. J., Pittman, M. K., Pevzner, M. B., White, L. F., 2015, "Comments of the Auditing Standards Committee of the Auditing Section of the American Accounting Association on IESBA Consultation Paper: Improving the Structure of the Code of Ethics for Professional Accountants: Participating Committee Members", *Current Issues in Auditing*, Vol. 9, No. 1, pp. C12-C17.

Gendron, Y., Suddaby, R., Lam, H., 2006, "An Examination of the Ethical Commitment of Professional Accountants to Auditor Independence", *Journal of Business Ethics*, Vol. 64, No. 2, pp. 169-193.

Gibbs, J. P., 1968, "Crime, Punishment, and Deterrence", *The Southwestern Social Science Quarterly*, Vol. 48, No. 4, pp. 515-530.

Gilbert, D. U. and Behnam, M., 2009, "Advancing Integrative Social Contracts Theory: A Habermasian Perspective", *Journal of Business Ethics*, Vol. 89, No. 2, pp. 215-234.

Gilley, K. M., Robertson, C. J., Mazur, T. C., 2010, "The Bottom-Line Benefits of Ethics Code Commitment", *Business Horizons*, Vol. 53, No. 1, pp. 31-37.

Gill, T., 2020, "Blame It on the Self-driving Car: How Autonomous Vehicles Can Alter Consumer Morality", *Journal of Consumer Research*, Vol. 47, No. 2, pp. 272-291.

Gordon, K. and Miyake, M., 2001, "Business Approaches to Combating

Bribery: A Study of Codes of Conduct", *Journal of Business Ethics*, Vol. 34, No. 3-4, pp. 161-173.

Greenwood, E., 1957, "Attributes of a Profession", *Social Work*, Vol. 2, No. 3, pp. 45-55.

Grein, B. M., and Tate, S. L., 2011, "Monitoring by Auditors: The Case of Public Housing Authorities", *The Accounting Review*, Vol. 86, No. 4, pp. 1289-1319.

Groom, M., 2002, "ICAEW Code of Ethics-Approach to Independence Oversight and UK Development Post-Enron", Speech to the International Forum on Professional Ethics for CPAs, Beijing.

Gunz, S. and Thorne, L., 2019, "Thematic Symposium: Accounting Ethics and Regulation: SOX 15 Years Later", *Journal of Business Ethics*, Vol. 158, No. 2, pp. 293-296.

Gunz, S. and Thorne, L., 2020, "Thematic Symposium: The Impact of Technology on Ethics, Professionalism and Judgement in Accounting", *Journal of Business Ethics*, Vol. 167, No. 2, pp. 153-155.

Guo, K. H., 2016, "The Institutionalization of Commercialism in the Accounting Profession: An Identity-Experimentation Perspective", *Auditing: A Journal of Practice & Theory*, Vol. 35, No. 3, pp. 99-117.

Haenlein, M., Huang, M. H., Kaplan, A., 2022, "Guest Editorial: Business Ethics in the Era of Artificial Intelligence", *Journal of Business Ethics*, Vol. 178, No. 4, pp. 867-869.

Harrington, S. J., 1997, "A Test of a Person-Issue Contingent Model of Ethical Decision Making in Organizations", *Journal of Business Ethics*, Vol. 16, No. 4, pp. 363-375.

Hazgui, M. and Gendron, Y., 2015, "Blurred Roles and Elusive Boundaries: On Contemporary Forms of Oversight Surrounding Professional Work", *Accounting, Auditing & Accountability Journal*, Vol. 28, No. 8, pp. 1234-1262.

Heath, J., 2007, "An Adversarial Ethic for Business: Or When Sun-Tzu Met the Stakeholder", *Journal of Business Ethics*, Vol. 72, No. 4, pp. 359–374.

Heath, J., 2008, *Following the Rules: Practical Reasoning and Deontic Constraint*, OUP USA.

Herron, T. L. and Gilbertson, D. L., 2004, "Ethical Principles versus Ethical Rules: The Moderating Effect of Moral Development on Audit Independence Judgments", *Business Ethics Quarterly*, Vol. 14, No. 3, pp. 499–523.

Higgins, T. G. and Olson, W. E., 1972, "Restating the Ethics Code: A Decision for the Times", *Journal of Accountancy (pre-1986)*, Vol. 133, No. 3, p. 33.

Hofstede, G. and Bond, M. H., 1984, "Hofstede's Culture Dimensions: An Independent Validation Using Rokeach's Value Survey", *Journal of Cross-Cultural Psychology*, Vol. 15, No. 4, pp. 417–433.

Hofstede, G., 1980, *Culture's Consequences*, Beverly Hills: Sage Publications.

Hofstede, G., 2001, *Culture's Consequences: Comparing Values, Behaviors, Institutions and Organizations across Nations (2nd ed)*, Thousand Oaks: Sage Publications.

Hofstede, G., 2009, "The Organizational Culture Project", https://geerthofstede. com/culture – geert – hofstede – gert – jan – hofstede/6 – dimensions – organizational – culture/.

Huang, H., Kong, X., Tsang, A., 2019, "Professional Accountancy Organizations and Stock Market Development", *Journal of Business Ethics*, Vol. 157, No. 1, pp. 231–260.

Hugman, R., 2005, *New Approaches in Ethics for the Caring Professions: Taking Account of Change for Caring Professions*, New York: Palgrave Macmillan.

Hyrynsalmi, S., Hyrynsalmi, S. M., Kimppa, K. K., 2020, "Blockchain Ethics: A Systematic Literature Review of Blockchain Research", *International Conference on Well-being in the Information Society*, pp. 145–155.

IAASB, 2017, "Letter to IAASB and IESBA Stakeholders", https://www. iaasb. org/publications/letter-iaasb-and-iesba-stakeholders.

IESBA, 2009, *2009 Handbook of the Internatioanl Code of Ethics for Professional Accountants*, https: //www. ethicsboard. org/publications/2009 - hand book-code-ethics-professional-accountants.

IESBA, 2010a, "IESBA Response to the European Commission Green Paper on Audit Policy: Lessons from the Crisis", https: //www. ethicsboard. org/publications/iesba - response - european - commission - green - paper - audit - policy - lessons-crisis.

IESBA, 2010b, *2010 Handbook of the Internatioanl Code of Ethics for Professional Accountants*, https: //www. ethicsboard. org/publications/2010 - hand book-code-ethics-professional-accountants.

IESBA, 2011, "IESBA Comment Letter on the PCAOB Concept Release on Auditor Independence and Audit Firm Rotation", https: //www. ethicsboard. org/publications/iesba-comment-letter-pcaob-concept-release-auditor-independence-and-audit-firm-rotation.

IESBA, 2012, *2012 Handbook of the Internatioanl Code of Ethics for Professional Accountants*, https: //www. ethicsboard. org/publications/2012 - hand book-code-ethics-professional-accountants.

IESBA, 2013, *2013 Handbook of the Internatioanl Code of Ethics for Professional Accountants*, https: //www. ethicsboard. org/publications/2013 - hand book-code-ethics-professional-accountants-1.

IESBA, 2014a, *IESBA Proposed Strategy and Work Plan, 2014 - 2018*, https: //www. ethicsboard. org/publications/iesba - strategy - work - plan - 2014 - 2018.

IESBA, 2014b, *2014 Handbook of the Internatioanl Code of Ethics for Professional Accountants*, https: //www. ethicsboard. org/publications/2014 - hand book-code-ethics-professional-accountants-5.

IESBA, 2015a, *2015 Handbook of the Internatioanl Code of Ethics for Professional Accountants*, https: //www. ethicsboard. org/publications/2015 - hand book-code-ethics-professional-accountants-26.

IESBA, 2015b, "IESBA Releases 2014 Annual Report, Advancing Ethics for an Evolving, Global Profession", https：//www. ethicsboard. org/news－events/2015－08/iesba-releases－2014－annual－report－advancing－ethics－evolving－global－profession.

IESBA, 2015c, "Exposure Draft, Responding to Non-Compliance with Laws & Regulations", https：//www. ethicsboard. org/publications/exposure-draft-responding-non-compliance-laws-regulations.

IESBA, 2018a, *2018 Handbook of the Internatioanl Code of Ethics for Professional Accountants*, https：//www. ethicsboard. org/publications/2018－hand book-international-code-ethics-professional-accountants-29.

IESBA, 2018b, *Final Pronouncement: Revisions to the Code Pertaining to the Offering and Accepting of Inducements*, https：//www. ethicsboard. org/publications/final－pronouncement－revisions－code－pertaining－offering－and－accepting－inducements-3.

IESBA, 2019a, *IESBA Strategy and Work Plan 2019－2023*, https：//www. ethicsboard. org/publications/iesba-strategy-and-work-plan-2019-2023.

IESBA, 2019b, *Exposure Draft, Proposed Revisons to Part 4B of the Code*, https：//www. ethicsboard. org/publications/exposure－draft－proposed－revisions－part-4b-code.

IESBA, 2021a, *2021 Handbook of the Internatioanl Code of Ethics for Professional Accountants*, https：//www. ethicsboard. org/publications/2021－hand book-international-code-ethics-professional-accountants.

IESBA, 2021b, *2020 Handbook of the Internatioanl Code of Ethics for Professional Accountants*, https：//www. ethicsboard. org/publications/2020－hand book-international-code-ethics-professional-accountants.

IESBA, 2021c, "5 Ethics Challenges That Will Intensify as the Pandemic Wanes", https：//www. ethicsboard. org/news－events/2021－05/5－ethics－challenges-will-intensify-pandemic-wanes.

IESBA, 2022a, *Report on IESBA Accomplishments, 2020－2021*, https：//

www. ethicsboard. org/publications/report-iesba-accomplishments-2020-2021.

IESBA, 2022b, *2022 Handbook of the Internatioanl Code of Ethics for Professional Accountants*, https: //www. ethicsboard. org/publications/2022 - hand book-international-code-ethics-professional-accountants.

IESBA, 2023a, *IESBA Proposes Strategy and Work Plan for 2024 - 2027*, https: //www. ethicsboard. org/news - events/2023 - 04/iesba - proposes - strategy - and-work-plan-2024-2027.

IESBA, 2023b, *Final Pronouncement: Technology-Related Revisions to the Code*, https: //www. ethicsboard. org/publications/final-pronouncement-technology-related-revisions-code.

IFAC, 2019, *Internatioanl Standards: 2019 Global Status Report*, https: //www. ifac. org/knowledge-gateway/supporting-international-standards/publications/international-standards-2019-global-status-report.

IFAC, 2022, "IFAC Seeks Feedback on Digital Platform, e-International Standards (eIS) ", https: //www. ifac. org/news - events/2022 - 07/ifac - seeks - feedback-digital-platform-e-international-standards-eis.

IFAC PAO Development & Advisory Group, 2021, "Perseverance, Purpose, Power: What Digitalization Means for PAOs", https: //www. ifac. org/knowledge-gateway/developing - accountancy - profession/discussion/perseverance - purpose - power-what-digitalization-means-paos.

Ijiri, Y. , 1975, "Theory of Accounting Measurement", *Studies in Accounting Research* No. 10, Sarasota, FL: American Accounting Association.

Ijiri, Y. , 1983, "On the Accountability-Based Conceptual Framework of Accounting", *Journal of Accounting and Public Policy*, Vol. 2, No. 2, pp. 75-81.

International Auditing and Assurance Standards Board, 2012, *Handbook of International Quality Control, Auditing Review, Other Assurance and Related Services Prorouncements*, https: //www. iaasb. org/_ flysystem/azure - private/publi cations/files/2012%20IAASB%20Handbook%20Part%20I_ Web. pdf.

Ishaque, M. , 2021, "Managing Conflict of Interests in Professional

Accounting Firms: A Research Synthesis", *Journal of Business Ethics*, Vol. 169, No. 3, pp. 537-555.

Jakubowski, S. T., Chao, P., Huh, S. K., Maheshwari, S., 2002, "A Cross-Country Comparison of the Codes of Professional Conduct of Certified/Chartered Accountants", *Journal of Business Ethics*, Vol. 35, No. 2, pp. 111-129.

Jenkins, J. G., Popova, V., Sheldon, M. D., 2018, "In Support of Public or Private Interests? An Examination of Sanctions Imposed Under the AICPA Code of Professional Conduct", *Journal of Business Ethics*, Vol. 152, No. 2, pp. 523-549.

Jennings, M., 2006, *Seven Signs of Ethical Collapse: How to Spot Moral Meltdowns in Companies…Before It's Too Late*, New York: St. Martin's Press.

Jensen, M. C. and Meckling, W. H., 1976, "Theory of the Firm: Managerial Behavior, Agency Costs and Ownership Structure", *Journal of Financial Economics*, Vol. 3, No. 4, pp. 305-360.

Johnson, D. G., 2015, "Technology with No Human Responsibility?", *Journal of Business Ethics*, Vol. 127, No. 4, pp. 707-715.

Johnson, S., La Porta, R., Lopez-de-Silanes, F., Shleifer, A., 2000, "Tunneling", *The American Economic Review*, Vol. 90, No. 2, pp. 22-27.

Kane, E. J., 2004, "Continuing Dangers of Disinformation in Corporate Accounting Reports", *Review of Financial Economics*, Vol. 13, No. 1-2, pp. 149-164.

Kaptein, M. and Schwartz, M. S., 2008, "The Effectiveness of Business Codes: A Critical Examination of Existing Studies and the Development of an Integrated Research Model", *Journal of Business Ethics*, Vol. 77, No. 2, pp. 111-127.

Kaptein, M., 2008, "Developing a Measure of Unethical Behavior in the Workplace: A Stakeholder Perspective", *Journal of Management*, Vol. 34, No. 5, pp. 978-1008.

Kaptein, M., 2011, "Toward Effective Codes: Testing the Relationship with Unethical Behavior", *Journal of Business Ethics*, Vol. 99, No. 2, pp. 233-251.

Kish-Gephart, J. J., Harrison, D. A., Treviño, L. K., 2010, "Bad

Apples, Bad Cases, and Bad Barrels: Meta-analytic Evidence about Sources of Unethical Decisions at Work", *Journal of Applied Psychology*, Vol. 95, No. 1, pp. 1-31.

Kitson, A., 1996, "Taking the Pulse: Ethics and the British Cooperative Bank", *Journal of Business Ethics*, Vol. 15, No. 9, pp. 1021-1031.

Kosinski, M., Stillwell, D., Graepel, T., 2013, "Private Traits and Attributes Are Predictable from Digital Records of Human Behavior", *Proceedings of the National Academy of Sciences of the United States of America* (*PNAS*), Vol. 110, No. 15, pp. 5802-5805.

Kultgen, J., 1982, "The Ideological Use of Professional Codes", *Business and Professional Ethics Journal*, Vol. 1, pp. 53-69.

Lail, B., MacGregor, J., Marcum, J., Stuebs, M., 2017, "Virtuous Professionalism in Accountants to Avoid Fraud and to Restore Financial Reporting", *Journal of Business Ethics*, Vol. 140, No. 4, pp. 687-704.

LaMothe, E. and Bobek, D., 2020, "Are Individuals More Willing to Lie to a Computer or a Human?: Evidence from a Tax Compliance Setting", *Journal of Business Ethics*, Vol. 167, No. 2, pp. 157-180.

La Porta, R., Lopez-de-Silanes, F., Shleifer, A., Vishny, R., 1998, "Law and Finance", *Journal of Political Economy*, Vol. 106, No. 6, pp. 1113-1155.

Latham, G. P., 2004, "The Motivational Benefits of Goal-Setting", *Academy of Management Executive*, Vol. 18, No. 4, pp. 126-129.

Lefebvre, M. and Singh, J. B., 1996, "A Comparison of the Contents and Foci of Canadian and American Corporate Codes of Ethics", *International Journal of Management*, Vol. 13, pp. 156-170.

Lere, J. C. and Gaumnitz, B. R., 2007, "Changing Behavior by Improving Codes of Ethics", *American Journal of Business*, Vol. 22, No. 2, pp. 7-18.

Leuz, C. and Oberholzer-Gee, F., 2006, "Political Relationships, Global Financing and Corporate Transparency: Evidence from Indonesia", *Journal of Financial Economics*, Vol. 81, No. 2, pp. 411-439.

Levy, R., 1980, "Business' Big Morality Lay", *Dun's Review*, Vol. 116, No. 2.

Liggio, C. D., 1974, "The Expectation Gap: The Accountant's Legal Waterloo", *Journal of Contempory Business*, Vol. 3, No. 3, pp. 23-35.

Lin, C., Lin, P., Song, F., 2010, "Property Rights Protection and Corporate R&D: Evidence from China", *Journal of Development Economics*, Vol. 93, No. 1, pp. 49-62.

Locke, E. A. and Latham, G. P., 1990, *A Theory of Goal Setting and Task Performance*, Englewood Cliffs: Prentice Hall.

Loe, T. W., Ferrell, L., Mansfield, P., 2000, "A Review of Empirical Studies Assessing Ethical Decision Making in Business", *Journal of Business Ethics*, Vol. 25, No. 3, pp. 185-204.

Long, B. S. and Driscoll, C., 2008, "Codes of Ethics and the Pursuit of Organizational Legitimacy: Theoretical and Empirical Contributions", *Journal of Business Ethics*, Vol. 77, No. 2, pp. 173-189.

Louwers, T. J., Ponemon, L. A., Radtke, R. R., 1997, "Examining Accountants' Ethical Behavior: A Review and Implications for Future Research", In Arnold, V. and Sutton, S. G. (Eds.), *Behavioral Accounting Research: Foundations and Frontiers*, Sarasota: American Accounting Association.

Lovett, B. J. and Jordan, A. H., 2010, "Levels of Moralisation: A New Conception of Moral Sensitivity", *Journal of Moral Education*, Vol. 39, No. 2, pp. 175-189.

Lowe, H. J., 1987, "Ethics in Our 100 - Year History", *Journal of Accountancy*, Vol. 163, p. 78.

Luhmann, N., 1997, *Trust and Power*, New York: John Wiley & Sons Chichester.

Ma, R., 2011, "Social Relations (Guanxi): A Chinese Approach to Interpersonal Communication", *China Media Research*, Vol. 7, No. 4, pp. 25-33.

MacDonald, C., 1988, *The Report of the Commission to Study the Public's*

Expectations of Audits, Toronto: Canadian Institute of Chartered Accountants.

MacIntosh, N. B., 2002, *Accounting, Accountants and Accountability: Poststructuralist Positions*, London and New York: Routledge.

Malle, B. F., 2016, "Integrating Robot Ethics and Machine Morality: The Study and Design of Moral Competence in Robots", *Ethics and Information Technology*, Vol. 18, No. 4, pp. 243–256.

Malsch, B. and Gendron, Y., 2011, "Reining in Auditors: On the Dynamics of Power Surrounding An 'Innovation' in the Regulatory Space", *Accounting, Organizations and Society*, Vol. 36, No. 7, pp. 456–476.

Malsch, B. and Gendron, Y., 2013, "Re-Theorizing Change: Institutional Experimentation and the Struggle for Domination in the Field of Public Accounting", *Journal of Management Studies*, Vol. 50, No. 5, pp. 870–899.

Maney, K., 2016, "How Artificial Intelligence and Robots Will Radically Transform the Economy", *Newsweek: Technology and Science*, Vol. 30, No. 11.

Martin, K., 2019, "Ethical Implications and Accountability of Algorithms", *Journal of Business Ethics*, Vol. 160, No. 4, pp. 835–850.

Martin, K., Shilton, K., Smith, J., 2019, "Business and the Ethical Implications of Technology: Introduction to the Symposium", *Journal of Business Ethics*, Vol. 160, No. 2, pp. 307–317.

Mattessich, R., 2007, *Two Hundred Years of Accounting Research*, London: Routledge.

McCabe, D. L., Treviño, L. K., Butterfield, K. D., 1996, "The Influence of Collegiate and Corporate Codes of Conduct on Ethics-Related Behavior in the Workplace", *Business Ethics Quarterly*, Vol. 6, No. 4, pp. 471–476.

McKendall, M., DeMarr, B., Jones-Rikkers, C., 2002, "Ethical Compliance Programs and Corporate Illegality: Testing the Assumptions of the Corporate Sentencing Guidelines", *Journal of Business Ethics*, Vol. 37, No. 4, pp. 367–383.

McKinney, J. A. and Moore, C. W., 2008, "International Bribery: Does a

Written Code of Ethics Make a Difference in Perceptions of Business Professionals", *Journal of Business Ethics*, Vol. 79, No. 1−2, pp. 103−111.

McKinney, J. A., Emerson, T. L., Neubert, M. J., 2010, "The Effects of Ethical Codes on Ethical Perceptions of Actions Toward Stakeholders", *Journal of Business Ethics*, Vol. 97, No. 4, pp. 505−516.

McPhail, K., 2013a, "Editor's Introduction", In McPhail, K. (Ed.), *Accounting Ethics* (Vol. 1). London: Sage Publications.

McPhail, K., 2013b, *Accounting Ethics* (Vol. 2), London: Sage Publications.

McPhail, K., 2013c, *Accounting Ethics* (Vol. 3), London: Sage Publications.

McPhail, K., 2013d, *Accounting Ethics* (Vol. 4), London: Sage Publications.

Melé, D., 2005, "Ethical Education in Accounting: Integrating Rules, Values and Virtues", *Journal of Business Ethics*, Vol. 57, pp. 77−109.

Mitchell, A., Puxty, T., Sikka, P., Willmott, H., 1994, "Ethical Statements as Smokescreens for Sectional Interests: The Case of the UK Accountancy Profession", *Journal of Business Ethics*, Vol. 13, No. 1, pp. 39−51.

Moll, J. and Yigitbasioglu, O., 2019, "The Role of Internet-Related Technologies in Shaping the Work of Accountants: New Directions for Accounting Research", *The British Accounting Review*, Vol. 51, No. 6.

Monitoring Group, 2017, *Strengthening the Governance and Oversight of the International Audit−related Standard−setting Boards in the Public Interests*, https: // www. iosco. org/library/pubdocs/pdf/IOSCOPD586. pdf.

Morales−Sánchez, R., Orta−Pérez, M., Rodríguez−Serrano, M. A., 2020, "The Benefits of Auditors' Sustained Ethical Behavior: Increased Trust and Reduced Costs", *Journal of Business Ethics*, Vol. 166, No. 2, pp. 441−459.

Munoko, I., Brown-Liburd, H. L., Vasarhelyi, M., 2020, "The Ethical Implications of Using Artificial Intelligence in Auditing", *Journal of Business Ethics*, Vol. 167, No. 2, pp. 209−234.

Murphy, P. E., 1989, "Creating Ethical Corporate Structures", *Sloan Management Review*, Vol. 30, p. 81.

Murphy, P. R., Smith, J. E., Daley, J. M., 1992, "Executive Attitudes, Organizational Size and Ethical Issues: Perspectives on a Service Industry", *Journal of Business Ethics*, Vol. 11, No. 1, pp. 11-19.

Nau, C. H., 1924, "Growth of Professional Ethics", *Journal of Accountancy*, Vol. 37, No. 1, p. 1.

Neill, J. D., Stovall, O. S., Jinkerson, D. L., 2005, "A Critical Analysis of the Accounting Industry's Voluntary Code of Conduct", *Journal of Business Ethics*, Vol. 59, No. 1-2, pp. 101-108.

Neimark, M. K., 1995, "The Selling of Ethics: The Ethics of Business Meets the Business of Ethics", *Accounting, Auditing & Accountability Journal*, Vol. 8, No. 3, pp. 81-96.

Neubert, M. J., Carlson, D. S., Kacmar, K. M., Roberts, J. A., Chonko, L. B., 2009, "The Virtuous Influence of Ethical Leadership Behavior: Evidence from the Field", *Journal of Business Ethics*, Vol. 90, No. 2, pp. 157-170.

Neu, D. and Saleem, L., 1996, "The Institute of Chartered Accountants of Ontario (ICAO) and the Emergence of Ethical Codes", *The Accounting Historians Journal*, Vol. 23, No. 2, pp. 35-68.

Neu, D., 1991, "Trust, Impression Management and the Public Accounting Profession", *Critical Perspectives on Accounting*, Vol. 2, pp. 295-313.

Nguyen, L. A., Dellaportas, S., Vesty, G. M., Pham, V. A. T., Jandug, L., Tsahuridu, E., 2022, "The Influence of Organizational Culture on Corporate Accountants' Ethical Judgement and Ethical Intention in Vietnam", *Accounting, Auditing & Accountability Journal*, Vol. 35, No. 2, pp. 325-354.

Nichols, P. M., 2019, "Bribing the Machine: Protecting the Integrity of Algorithms as the Revolution Begins", *American Business Law Journal*, Vol. 56, No. 4, pp. 771-814.

O'Fallon, M. J. and Butterfield, K. D., 2005, "A Review of the Empirical Ethical Decision-Making Literature: 1996 - 2003", *Journal of Business Ethics*, Vol. 59, No. 4, pp. 375-413.

Ou, W. M. , Shih, C. M. , Chen, C. Y. , Tseng, C. W. , 2012, "Effects of Ethical Sales Behaviour, Expertise, Corporate Reputation, and Performance on Relationship Quality and Loyalty", *The Service Industries Journal*, Vol. 32, No. 5, pp. 773-787.

Parboteeah, K. P. , Cullen, J. B. , Victor, B. , Sakano, T. , 2005, "National Culture and Ethical Climates: A Comparison of U. S. and Japanese Accounting Firms", *Management International Review*, Vol. 45, No. 4, pp. 459-481.

Parker, L. D. , 1987, "An Historical Analysis of Ethical Pronouncements and Debate in the Australian Accounting Profession", *ABACUS*, Vol. 23, No. 2, pp. 122-138.

Pater, A. and Van Gils, A. , 2003, "Stimulating Ethical Decision-Making in A Business Context: Effects of Ethical and Professional Codes", *European Management Journal*, Vol. 21, No. 6, pp. 762-772.

Pearson, M. , 1988, "A New Code of Professional Conduct for CPAs", *Ohio CPA Journal*, Vol. 7-9.

Peppet, S. R. , 2004, "Lawyers' Bargaining Ethics, Contract, and Collaboration: The End of the Legal Profession and the Beginning of Professional Pluralism", *Iowa Law Review*, Vol. 90, pp. 475-538.

Peterson, D. K. , 2002, "The Relationship between Unethical Behavior and the Dimensions of the Ethical Climate Questionnaire", *Journal of Business Ethics*, Vol. 41, No. 4, pp. 313-326.

Peterson, K. , Schmardebeck, R. , Wilks, T. J. , 2015, "The Earnings Quality and Information Pocessing Effects of Accounting Consistency", *The Accounting Review*, Vol. 90, No. 6, pp. 2483-2514.

Pflugrath, G. , Martinov-Bennie, N. , Chen, L. , 2007, "The Impact of Codes of Ethics and Experience on Auditor Judgments", *Managerial Auditing Journal*, Vol. 22, No. 6, pp. 566-589.

Pickerd, J. S. , Summers, S. L. , Wood, D. A. , 2015, "An Examination of How Entry-Level Staff Auditors Respond to Tone at the Top Vis-à-Vis Tone at the

Bottom", *Behavioral Research in Accounting*, Vol. 27, No. 1, pp. 79–98.

Pierce, M. A. and Henry, J. W., 1996, "Computer Ethics: The Role of Personal, Informal, and Formal Codes", *Journal of Business Ethics*, Vol. 15, No. 4, pp. 425–437.

Pirson, M., Goodpaster, K., Dierksmeier, C., 2016, *Guest Editors' Introduction : Human Dignity and Business*, Cambridge: Cambridge University Press.

Ponemon, L. A., 1990, "Ethical Judgements in Accounting: A Cognitive-Development Perspective", *Critical Perspectives on Accounting*, Vol. 1, No. 2, pp. 191–215.

Porter, B., 1993, "An Empirical Study of the Audit Expectation-Performance Gap", *Accounting and Business Research*, Vol. 24, No. 93, pp. 49–68.

Preston, A. M., Cooper, D. J., Scarbrough, D. P., Chilton, R. C., 1995, "Changes in the Code of Ethics of the U. S. Accounting Profession, 1917 and 1988: The Continual Quest for Legitimation", *Accounting, Organizations and Society*, Vol. 20, No. 6, pp. 507–546.

PWC, 2017, *UK Automation*, PWC Report UKEC, Vol. 2, Section 4.

Rashid, M. Z. and Ibrahim, S., 2008, "The Effect of Culture and Religiosity on Business Ethics: A Cross-Cultural Comparison", *Journal of Business Ethics*, Vol. 82, No. 4, pp. 907–917.

Ravenscroft, S. and Williams, P. M., 2009, "Making Imaginary Worlds Real: The Case of Expensing Employee Stock Options", *Accounting, Organizations and Society*, Vol. 34, No. 6–7, pp. 770–786.

Reinstein, A. and Taylor, E. Z., 2017, "Fences as Controls to Reduce Accountants' Rationalization", *Journal of Business Ethics*, Vol. 141, No. 3, pp. 477–488.

Richardson, A., 2018, "The Accounting Profession", In Roslender, R. (Ed.), *The Routledge Companion to Critical Accounting* (pp. 127 – 142), New York: Routledge.

Rogers, J. L. and Stocken, P. C., 2005, " Credibility of Management

Forecasts", *The Accounting Review*, Vol. 80, No. 4, pp. 1233–1260.

Rorty, R. and Engle, P., 2007, *What's the Use of Truth?*, New York: Columbia University Press.

Rouvroy, A., 2016, " ' Of Data and Men '. Fundamental Rights and Freedoms in a World of Big Data", *Council of Europe, Directorate General of Human Rights and Rule of Law*, T-PD-BUR (2015) 09REV, Strasbourg.

Ruland, R. G. and Lindblom, C. K., 1992, "Ethics and Disclosure: An Analysis of Conflicting Duties", *Critical Perspectives on Accounting*, Vol. 3, No. 3, pp. 259–272.

Russell, S., Hauert, S., Altman, R., Veloso, M., 2015, "Ethics of Artificial Intelligence", *Nature*, Vol. 521, No. 7553, pp. 415–416.

Ruttan, V. M., 1978, "The International Agricultural Research Institute as a Source of Agricaltural Development", *Agricultural Administration*, Vol. 5, No. 4, pp. 293–308.

Sadowski, S. T. and Thomas, J. R., 2012, "Toward a Convergence of Global Ethics Standards: A Model from the Professional Field of Accountancy", *International Journal of Business and Social Science*, Vol. 3, No. 9.

Satava, D., Caldwell, C., Richards, L., 2006, "Ethics and the Auditing Culture: Rethinking the Foundation of Accounting and Auditing ", *Journal of Business Ethics*, Vol. 64, No. 3, pp. 271–284.

Saxton, G. D. and Neely, D. G., 2019, "The Relationship between Sarbanes-Oxley Policies and Donor Aadvisories in Nonprofit Organizations", *Journal of Business Ethics*, Vol. 158, No. 2, pp. 333–351.

Scherer, M. U., 2016, "Regulating Artificial Intelligence Systems: Risks, Challenges, Competencies, and Strategies ", *Harvard Journal of Law & Technology*, Vol. 29, No. 2, pp. 354–400.

Schlegelmilch, B. B. and Houston, J. E., 1989, "Corporate Codes of Ethics in Large UK Companies: An Empirical Investigation of Use, Content and Attitudes", *European Journal of Marketing*, Vol. 23, No. 6, pp. 7–24.

Schwartz, M. S., 2002, "A Code of Ethics for Corporate Code of Ethics", *Journal of Business Ethics*, Vol. 41, No. 1-2, pp. 27-43.

Seitz, J., Truitt, T., Bruce, M., Wiese, M., 2020, "The Dodd-Frank Whistleblower Provisions: An Empirical Examination of Effectiveness Using the Theory of Planned Behavior", *Management Accounting Quarterly*, Vol. 21, No. 2, pp. 18-27.

Serafimova, S., 2020, "Whose Morality? Which Rationality? Challenging Artificial Intelligence as a Remedy for the Lack of Moral Enhancement", *Humanities and Social Sciences Communications*, Vol. 7, No. 1, pp. 1-10.

Sharif, M. M. and Ghodoosi, F., 2022, "The Ethics of Blockchain in Organizations", *Journal of Business Ethics*, Vol. 178, No. 4, pp. 1009-1025.

Shaub, M. K. and Fischer, D. G., 2008, "Beyond Agency Theory: Common Values for Accounting Ethics Education", In Swanson, D. L. & Fischer, D. G. (Eds.), *Advancing Business Ethics Education*, North Carolina: Information Age Publishing Charlotte.

Shaub, M. K., Braun, R. L., 2014, "Auditing Ethics", *The Routledge Companion to Auditing*, pp. 264-275.

Shih, C. and Chen, C., 2006, "The Effect of Organizational Ethical Culture on Marketing Managers' Role Stress and Ethical Behavioral Intentions", *Journal of American Academy of Business*, Vol. 8, No. 1, pp. 89-95.

Sikka, P., Haslam, C., Cooper, C., Haslam, J., Christensen, J., Driver, D. G., Hadden, T., Ireland, P., Parker, M., Pearson, G., Pettifor, A., Picciotto, S., Veldman, J., Willmott, H., 2018, *Reforming the Auditing Industry*, https://eaa-online.org/app/uploads/sites/3/2019/03/visar.csustan.edu_aaba_LabourPolicymaking-AuditingReformsDec2018.pdf.

Singer, M., Gabriella Kusz MBA, MPP, CPA, CGMA, 2021, "Blockchain Technology: Shaping the Future of the Accountancy Profession", https://www.ifac.org/knowledge-gateway/preparing-future-ready-professionals/discussion/blockchain-technology-shaping-future-accountancy-profession.

Singhapakdi, A. and Vitell, S. J. , 1990, "Marketing Ethics: Factors Influencing Perceptions of Ethical Problems and Alternatives", *Journal of Macromarketing*, Vol. 10, No. 1, pp. 4-18.

Smith, A. and Hume, E. C. , 2005, "Linking Culture and Ethics: A Comparison of Accountants' Ethical Belief Systems in the Individualism/Collectivism and Power Distance Contexts", *Journal of Business Ethics*, Vol. 62, No. 3, pp. 209-220.

Sánchez-Medina, A. J. , Blázquez-Santana, F. , Alonso, J. B. , 2019, "Do Auditors Reflect the True Image of the Company Contrary to the Clients' Interests? An Artificial Intelligence Approach", *Journal of Business Ethics*, Vol. 155, No. 2, pp. 529-545.

Spalding, A. D. and Lawrie, G. R. , 2019, "A Critical Examination of the AICPA's New 'Conceptual Framework' Ethics Protocol", *Journal of Business Ethics*, Vol. 155, No. 4, pp. 1135-1152.

Spalding, A. D. and Oddo, A. , 2011, "It's Time for Principles-Based Accounting Ethics", *Journal of Business Ethics*, Vol. 99, No. 1, pp. 49-59.

Stahl, B. C. , Timmermans, J. , Flick, C. , 2017, "Ethics of Emerging Information and Communication Technologies: On the Implementation of Responsible Research and Innovation", *Science and Public Policy*, Vol. 44, No. 3, pp. 369-381.

Staubus, G. J. , 2005, "Ethics Failures in Corporate Financial Reporting", *Journal of Business Ethics*, Vol. 57, No. 1, pp. 5-15.

Sterrett, J. E. , 1907, "Professional Ethics", *Journal of Accountancy*, No. 4, pp. 407-431.

Stevulak, C. and Brown, M. P. , 2011, "Activating Public Sector Ethics in Transitional Societies", *Public Integrity*, Vol. 13, No. 2, pp. 97-112.

Suddaby, R. , Cooper, D. J. , Greenwood, R. , 2007, "Transnational Regulation of Professional Services: Governance Dynamics of Field Level Organizational Change", *Accounting , Organizations and Society*, Vol. 32, No. 4-5, pp. 333-362.

Sunder, S. , 1997, *Theory of Accounting and Control*, Cincinnati: South-

Western College Publishing.

Sunder, S., 2005, "Minding Our Manners: Accounting as Social Norms", *The British Accounting Review*, Vol. 37, No. 4, pp. 367-387.

Sunder, S., 2009, "IFRS and the Accounting Consensus", *Accounting Horizons*, Vol. 23, No. 1, pp. 101-111.

Tang, T. L. P. and Sutarso, T., 2013, "Falling or Not Falling into Temptation? Multiple Faces of Temptation, Monetary Intelligence, and Unethical Intentions Across Gender", *Journal of Business Ethics*, Vol. 116, No. 3, pp. 529-552.

Tan, J., 2002, "Culture, Nation, and Entrepreneurial Strategic Orientations: Implications for an Emerging Economy", *Entrepreneurship Theory and Practice*, Vol. 26, No. 4, pp. 95-111.

Tenbrunsel, A. E. and Smith-Crowe, K., 2008, "Ethical Decision Making: Where We've Been and Where We're Going", *The Academy of Management Annals*, Vol. 2, No. 1, pp. 545-607.

Tenbrunsel, A. E., Smith-Crowe, K., Umphress, E. E., 2003, "Building Houses on Rocks: The Role of Ethical Infrastructure in Organizations", *Social Justice Research*, Vol. 16, No. 3, pp. 285-307.

The European Commission's High-Level Expert Group on Artificial Intelligence (HLEG), 2018, *Draft Ethics Guidelines for Trustworthy AI*, https://www.euractiv.com/wp-content/uploads/sites/2/2018/12/AIHLEGDraftAIEthicsGuideline spdf. pdf.

Tirole, J., 1999, "Incomplete Contracts: Where Do We Stand?", *Econometrica*, Vol. 67, No. 4, pp. 741-781.

Treviño, L. K., Den Nieuwenboer, N. A., Kish-Gephart, J. J., 2014, "(Un) ethical Behavior in Organizations", *Annual Review of Psychology*, Vol. 65, pp. 635-660.

Treviño, L. K., Weaver, G. R., Reynolds, S. J., 2006, "Behavioral Ethics in Organizations: A Review", *Journal of Management*, Vol. 32, No. 6, pp. 951-990.

Tsai, K. S., 2006, "Adaptive Informal Institutions and Endogenous

Institutional Change in China", *World Politics*, Vol. 59, No. 1, pp. 116-141.

Tóth, Z., Caruana, R., Gruber, T., Loebbecke, C., 2022, "The Dawn of the AI Robots: Towards a New Framework of AI Robot Accountability", *Journal of Business Ethics*, Vol. 178, No. 4, pp. 895-916.

Turow, J., Hennessy, M., Draper, N., 2015, *The Tradeoff Fallacy: How Marketers Are Misrepresenting American Consumers and Opening Them Up to Exploitation*, A Report from the Annenberg School for Communication University of Pennsylvania.

U. S. Securities and Exchange Commission, 2003a, *Strengthening the Commission's Requirements Regarding Auditor Independence*, http: //www. sec. gov/ rules/final/33-8183. htm.

U. S. Securities and Exchange Commission, 2003b, "Commission Adopts Rules Strengthening Auditor Independence", https: //www. sec. gov/news/press/2003 - 9. htm.

U. S. Securities and Exchange Commission, 2012, "Conflicts of Interest and Risk Governance", https: //www. sec. gov/news/speech/2012-spch103112cvdhtm.

Valentine, S. and Barnett, T., 2002, "Ethics Codes and Sales Professionals Perceptions of Their Organizations Ethical Values", *Journal of Business Ethics*, Vol. 40, No. 3, pp. 191-200.

Velayutham, S., 2003, "The Accounting Profession's Code of Ethics: Is It a Code of Ethics or a Code of Quality Assurance?", *Critical Perspectives on Accounting*, Vol. 14, pp. 483-503.

Verschoor, C. C., 1998, "A Study of the Link between a Corporation's Financial Performance and Its Commitment to Ethics", *Journal of Business Ethics*, Vol. 17, No. 13, pp. 1509-1516.

Verschoor, C. C., 2002, "It Isn't Enough to Just Have a Code of Ethics", *Strategic Finance*, Vol. 84, No. 6, pp. 22-24.

Veruggio, G., Operto, F., Bekey, G., 2016, "Roboethics: Social and Ethical Implications", *Springer Handbook of Robotics*, pp. 2135-2160.

Vitell, S. J., Nwachukwu, S. L., Barnes, J. H., 1993, "The Effects of Culture on Ethical Decision-Making: An Application of Hofstede's Typology", *Journal of Business Ethics*, Vol. 12, No. 10, pp. 753-760.

Wallace, R. S. O., 1990, "Survival Strategies of a Global Organization: The Case of the International Accounting Standards Committee", *Accounting Horizons*, Vol. 4, No. 2, pp. 1-22.

Wang, X., Tajvidi, M., Lin, X., Hajli, N., 2020, "Towards An Ethical and Trustworthy Social Commerce Community for Brand Value Co-Creation: A Trust-Commitment Perspective", *Journal of Business Ethics*, Vol. 167, No. 1, pp. 137-152.

Warren, J. D., Moffitt, K. C., Byrnes, P., 2015, "How Big Data Will Change Accounting", *Accounting Horizons*, Vol. 29, No. 2, pp. 397-407.

Watts, R. and Zimmerman, J., 1986, *Positive Accounting Theory*, Edgewood Cliffs, NJ: Prentice Hall.

Webley, S. and Werner, A., 2008, "Corporate Codes of Ethics: Necessary But Not Sufficient", *Business Ethics: A European Review*, Vol. 17, No. 4, pp. 405-415.

Weeks, W. A. and Nantel, J., 1992, "Corporate Codes of Ethics and Sales Force Behavior: A Case Study", *Journal of Business Ethics*, Vol. 11, No. 10, pp. 753-760.

West, A., 2018a, "After Virtue and Accounting Ethics", *Journal of Business Ethics*, Vol. 148, No. 1, pp. 21-36.

West, A., 2018b, "Multinational Tax Avoidance: Virtue Ethics and the Role of Accountants", *Journal of Business Ethics*, Vol. 153, No. 4, pp. 1143-1156.

West, B., 2003, *Professionalism and Accounting Rules*, London: Routledge.

West, D., Huijser, H., Heath, D., 2016, "Putting an Ethical Lens on Learning Analytics", *Educational Technology Research and Development*, Vol. 64, pp. 903-922.

Westerlund, M., 2020, "An Ethical Framework for Smart Robots",

Technology Innovation Management Review, Vol. 10, No. 1, pp. 35–44.

Westra, L. S., 1986, "Whose 'Loyal Agent'? Towards an Ethic of Accounting", *Journal of Business Ethics*, Vol. 5, No. 2, pp. 119–128.

Whelan, G., 2019a, "Born Political: A Dispositive Analysis of Google and Copyright", *Business & Society*, Vol. 58, No. 1, pp. 42–73.

Whelan, G., 2019b, "Trust in Surveillance: A Reply to Etzioni", *Journal of Business Ethics*, Vol. 156, No. 1, pp. 15–19.

Wirtz, J., Patterson, P. G., Kunz, W. H., Gruber, T., Lu, V. N., Paluch, S., Martins, A., 2018, "Brave New World: Service Robots in the Frontline", *Journal of Service Management*, Vol. 29, No. 5, pp. 907–931.

Wood, G., 2000, "A Cross Cultural Comparison of the Contents of Codes of Ethics: USA, Canada and Australia", *Journal of Business Ethics*, Vol. 25, No. 4, pp. 287–298.

Woods, P. R. and Lamond, D. A., 2011, "What Would Confucius Do? — Confucian Ethics and Self-Regulation in Management", *Journal of Business Ethics*, Vol. 102, No. 4, pp. 669–683.

Wright, S. A. and Schultz, A. E., 2018, "The Rising Tide of Artificial Intelligence and Business Automation: Developing an Ethical Framework", *Business Horizons*, Vol. 61, No. 6, pp. 823–832.

Wyatt, A., 2004, "Accounting Professionalism-They Just Don't Get It", *Accounting Horizons*, Vol. 18, No. 1, pp. 45–53.

Xu, G. and Dellaportas, S., 2021, "Challenges to Professional Independence in a Relational Society: Accountants in China", *Journal of Business Ethics*, Vol. 168, No. 2, pp. 415–429.

Young, S. and Marais, M., 2012, "A Multi-Level Perspective of CSR Reporting: The Implications of National Institutions and Industry Risk Characteristics", *Corporate Governance : An International Review*, Vol. 20, No. 5, pp. 432–450.

Zeff, S. A., 1978, "The Rise of 'Economic Consequences'", *Journal of Accountancy*, Vol. 146, pp. 56–63.

附录：案例简介[*]

瑞幸咖啡舞弊事件

瑞幸咖啡（简称"瑞幸"）于 2017 年 6 月在厦门注册成立。根据招股书和有关公开信息，瑞幸在以下三个方面实现了商业模式的创新。（1）以技术为驱动、数据为核心的新零售模式：为了与客户联系更为密切，及时响应客户需求，瑞幸所有的交易都通过线上手机客户端完成。客户通过 App 完成下单、支付、跟单、条码取餐及用餐反馈整个交易过程，在减少了线下门店工作量、提高员工工作效率的同时，也极大地降低了运营成本。这种方式不仅有助于对客户消费行为进行分析，也有利于瑞幸进行精准的差异化营销。（2）支持无限场景消费方式，实现范围全覆盖：瑞幸根据悠享店、快取店和外卖厨房分别提供了门店自提、无人零售和外卖三种方式，特别是通过提高快取店在门店中的占比，利用其面积小的优势将线下咖啡店开进了写字楼、校园、商业区等客流量较大的地方，最大限度地贴近客户，从而在短时间内实现了快速扩张。（3）借助多轮融资，打造高品质高性价比商品：一方面，瑞幸向黑石、中金和新加坡政府投资公司等著名机构进行了多轮融资，获得了约 6 亿美元的高额补贴；另一方面，它与三井物产、哈尔斯和 DHL 等原材料及

---

[*] 案例内容主要来自中国证券监督管理委员会官网发布的一系列处置工作情况的通报、行政处罚信息、行政处罚决定书、声明、答记者问等材料，以及中国日报网、证券时报网、新浪财经和公司官网等。

生产设备各领域的顶级供应商深度合作，通过大批量采购压低成本，实现了为客户提供世界级的咖啡品质这一愿景。2019 年 5 月，瑞幸仅用了两年的时间就登陆纳斯达克，融资 6.95 亿美元，成为全球范围内从成立到上市用时最短的公司。2019 年末，瑞幸门店数量超过 4500 家，超过了星巴克在中国的门店数量，成为我国最大的咖啡连锁品牌。2020 年 1 月，通过增发及发行可转债，瑞幸融资规模超过了 11 亿美元。2020 年 6 月，因其虚增收入和支出等财务造假行为被著名做空机构浑水调研公司（Muddy Waters Research）揭露，瑞幸摘牌退市。负责为瑞幸提供专业服务的安永华明会计师事务所公开回应，在对 2019 年年报进行审计的过程中，发现瑞幸管理层利用虚假交易虚增了第二到第四季度的销售金额，近 22 亿元人民币，同期的成本和费用也存在很大问题，并对此向公司的审计委员会进行了汇报。其舞弊的主要手段如下。

一　通过虚构在线订单和关联方交易，虚增业绩收入

为了获得更大的市场份额和竞争优势，瑞幸根据其融资和市值业绩需要设定的收入目标，通过虚构在线订单和关联方交易，虚增销售收入近 22 亿元人民币，约占其对外披露总收入的一半。

（一）在线订单造假

随着新客户留存率的快速下降和非核心客户占比的显著增加，加之线下业务未达到预期状态，瑞幸开始把单个门店的线上订单量由日均 106 件夸大至 444~506 件。由于外部监管部门很难对这一内部的黑箱数据进行核查验证，从而为其舞弊行为创造了条件。

（二）向关联方出售代金券

从 2019 年 5 月开始，一直都以个人消费客户为主的瑞幸咖啡，购买其咖啡代金券的单位大客户数量突然激增至十几家。实际上，这些新增客户都是与瑞幸的董事或高管层有着关联关系的公司。瑞幸通过这些关联方向其汇入购买代金券的款项，再利用信息技术等手段进行分拆，从而模仿了咖啡的消费行为，达到虚构销售交易的目的。

二 大幅虚增广告支出，从而平滑利润

公开的报表①数据显示，瑞幸自 2019 年 4 月开始，其广告费用支出大幅增加，从第二季度的 2.42 亿元增加到第三季度的 3.82 亿元，但是 CTR 追踪的数据却显示瑞幸在分众传媒上的广告支出呈现下降趋势，到 2019 年第三季度其在分众传媒上的广告支出仅占当季广告费的 12%。通常情况下，如果企业广告费用投入增长的话，在各种媒介上的广告投入也会同步增加，而上述这种相互背离的情况显然是不正常的。经查实，为了避免引起外界对报表上过于明显的逻辑钩稽关系的关注，瑞幸故意夸大当期的广告费用，以更好地与同期门店收入相匹配，进而实现净利润的合理化。

由于上述舞弊行为，瑞幸受到了相应的惩罚。2020 年 1 月 31 日，在浑水调研公司发布做空报告的当日，瑞幸股价收盘时下跌 10.74%，盘中最大跌幅高达 26.51%。4 月 2 日，在发布公告承认其财务造假，并拟对 2019 年财务报告可能存在的 22 亿元造假问题展开调查当日，瑞幸股价下跌 75.57%，最大跌幅达 81.3%。2020 年 5 月 15 日和 6 月 17 日，瑞幸收到了纳斯达克两次退市通知，最终在 2020 年 6 月 29 日宣布从纳斯达克正式摘牌退市。由于瑞幸虚报收入、虚构支出和利润的严重欺诈行为，国家市场监督管理总局在 2020 年 9 月 18 日对瑞幸咖啡（中国）有限公司、瑞幸咖啡（北京）有限公司、北京车行天下咨询服务有限公司、北京神州优通科技发展有限公司、征者国际贸易（厦门）有限公司等五家公司均做出了予以罚款 200 万元人民币的行政处罚决定。12 月 16 日，为了履行就造假案与美国证券交易委员会达成的和解协议，瑞幸同意支付 1.8 亿美元（约合 12 亿元人民币）的民事处罚。此外，瑞幸还可能面临投资者的集体诉讼，并要为此承担总计约 112 亿美元的民事赔偿责任。②

---

① 资产负债表和利润表，详见瑞幸咖啡官网 https：//lkcoffee.com/中的 Investor Relations 相关报表数据。
② 数据来源于 Wind 数据库、中国证券监督管理委员会、国家市场监督管理总局、瑞幸咖啡官网以及美国证券交易委员会官网。

不仅如此，瑞幸还引发了更为恶劣的影响，即继 2010~2012 年中概股第一次信任危机之后的第二次中概股信任危机。2020 年 2 月至 4 月，先后有爱奇艺、好未来、跟谁学及 58 同城等多家中概股公司因为涉嫌公司治理、商业模式及财务造假等问题遭到了机构做空，股价连续暴跌。对此，2020 年 4 月 21 日美国证券交易委员会发布了《新兴市场投资涉及重大信息披露、财务报告和其他风险，补救措施有限》声明，明确指出与美国国内相比，包括中国在内的许多新兴市场信息披露不完全或具有误导性的风险要大得多，并且在投资者受到损害时获得赔偿的机会要小很多……美国公众公司会计监督委员会获取在美国上市中国公司进行审计所需的基础工作文件方面能力有限……因此，美国财政部在 2020 年 8 月发布了《关于保护美国投资者防范中国公司重大风险的报告》，建议对来自包括中国在内的美国公众公司会计监督委员会无法实施检查的管辖区域的公司提高上市门槛，加强信息披露要求，强化对投资者的风险提示，并要求已经在美国纳斯达克上市的公司最迟在 2022 年 1 月 1 日前提交审核材料，以满足美国公众公司会计监督委员会开展检查的相关要求。2020 年 5 月，美国国会参议院批准通过了《外国公司问责法案》。12 月 2 日，美国国会众议院表决通过了这一法案，随后该法案于 12 月 18 日经总统正式签署生效。《外国公司问责法案》对外国公司在美国上市提出了额外的信息披露要求，即外国发行人连续三年不能满足美国公众公司会计监督委员会对会计师事务所检查要求的，禁止其证券在美国交易。

亚太事务所连续出具无保留意见

2021 年 8 月 13 日，因涉嫌违法违规披露信息，郑州华晶金刚石股份有限公司（简称"豫金刚石"，SZ300064，现已退市）收到中国证券监督管理委员会（简称"中国证监会"）下发的《行政处罚及市场禁入事先告知书》（处罚字〔2021〕65 号）。2023 年 2 月 6 日，因公司在执行豫金刚石 2016 年非公开发行股票项目中涉嫌保荐、持续督导等业务未做到勤勉尽责，所出具的文件存在虚假记载、误导性陈述或者重大遗漏，中国证监会发出《立案告知书》，决定对东北证券进行立案调查。豫金刚石成立于 2004 年 12 月，主要产品为人造金刚石。由于严重虚增报表数据、信息披露严重违规以及实控人和关联方资金占用未披露等原因，2022年10月14日中国证监会下发了《行政处罚决定书》（处罚字〔2022〕57号），认为豫金刚石主要存在以下六项违规事实：（1）通过虚构销售交易及股权转让交易，虚增营业收入、利润总额，导致2017~2019年年度报告存在虚假记载，虚增利润金额一度占当期利润总额的44%；（2）通过虚构采购交易等方式，虚增企业的存货、固定资产和非流动资产，导致2016~2019年年度报告存在虚假记载；（3）通过虚构采购业务、支付采购款、账外借款及开具商业汇票等形式向实际控制人及其关联方提供资金超过30亿元，未按规定披露非经营性占用资金关联交易，导致2016~2019年年度报告存在重大遗漏；（4）未按规定披露关联担保及对外担保，导致未及时披露担保事项，使得2016~2019年年度报告存在重大遗漏；（5）未按规定披露预计负债和或有负债，导致2018年年度报告存在虚假记载和重大遗漏，2019年年度报告存在虚假记载；（6）披露的《2019年度业绩预告》和《2019年度业绩快报》存在虚假记载。

值得关注的是，在豫金刚石进行重大财务造假的四年时间里，作为提供审计服务机构的亚太（集团）会计师事务所（特殊普通合伙）（简称"亚太事务所"）却持续三年为其出具无保留意见；而作为保荐机构的东北证券，也在此期间助力豫金刚石成功定增募集45.88亿元的资金。实际上，无论从2016年和2017年的存贷双高，还是从2016年经营现金流恶化的情况或是发函验证的角度来看，注册会计师都可以通过数据钩稽是否合理来发现其财务造假的痕迹。豫金刚石能够造假多年且被出具无保留审计意见，是会计师不具备专业胜任能力，还是未能勤勉尽责，抑或是面对利益冲突未能做到客观公正？注册会计师和会计师事务所对给投资者带来的损失应该承担什么样的连带赔偿责任？对于良好职业道德行为的漠视，毁坏的不仅是自身良好的声誉，与之相伴而来的还有整个社会对会计行业的信任危机。

"康美药业案"会计所正中珠江被注销执业许可

2018年4月29日，康美药业股份有限公司（简称"康美药业"，SH600518）

发布了一份《关于前期会计差错更正的公告》。这一公告对 2017 年年报中因会计处理不当而出现货币资金、存货和营业收入等 14 处会计错误进行了具体阐述，几乎将 2017 年年报结果全部推翻。这些会计错误具体包括：账户资金核算错误导致货币资金多计 299.44 亿元、存货少计 195.46 亿元、应收账款少计 6.41 亿元、在建工程少计 6.32 亿元、营业收入多计 88.98 亿元、营业成本多计 76.62 亿元、销售费用少计 4.97 亿元、财务费用少计 2 亿元、销售商品多计 102 亿元，筹资活动有关的现金项目多计 3 亿元以及经营性现金流多计 102.99 亿元等。2019 年 8 月，中国证监会对 *ST 康美下发的《行政处罚及市场禁入事先告知书》（处罚字〔2019〕119 号）显示，2016~2018 年财务报告存在重大虚假情况，*ST 康美涉嫌累计虚增营业收入 291.28 亿元，累计虚增营业利润 41.01 亿元，累计虚增货币资金 886 亿元。因在康美药业审计业务中涉嫌违反相关法律法规，2019 年，广东正中珠江会计师事务所（特殊普通合伙）（简称"正中珠江"）被中国证监会立案调查。2021 年 2 月 20 日，中国证监会发布的行政处罚决定书对正中珠江责令改正，没收业务收入 1425 万元，并处以 4275 万元罚款，相关人员也被给予警告和罚款。2022 年 7 月 21 日，广东省财政厅注销了正中珠江执业证书。自即日起，正中珠江不得以会计师事务所名义开展业务，不得从事注册会计师法定审计业务。

康得新会计舞弊

作为资本市场的"千亿白马股"，康得新复合材料集团股份有限公司（简称"康得新"，SZ002450）主要从事新材料、智能显示和碳纤维的研发生产。自 2010 年上市以来，康得新市值不断飙升，2017 年创下最高历史市值 940 亿元，股价最高涨幅一度达 20 倍。由于未能合理估计碳纤维市场的实际需求，加之前期资金投入较大，康得新的资金链出现了问题。2019 年 1 月，康得新首次出现了债务违约，起因是到期的 15 亿元的短期融资券本息无法兑付，但当时公司报表数据显示其拥有多达 150 亿元的账面资金。这一反常的情况引发了市场关注，康得新股价也在 5 天内下跌了 24%。随后，康得新进行财务造假与信息披露违规的事实也逐渐呈现在公众面前。2021 年 3 月，康得新发布的

《关于前期会计差错更正的公告》数据显示，除了营业收入和货币资金数据连续五年均有错误外，在采用追溯重述法更正后，康得新 2015~2019 年归属于母公司所有者的净利润分别为 -14.81 亿元、-17.55 亿元、-24.60 亿元、-23.57 亿元和 -71.72 亿元，未分配利润分别为 -23.80 亿元、-42.65 亿元、-69.26 亿元、-95.31 亿元和 -165.88 亿元，由之前的盈利转为连续五年亏损，引发市场一片哗然。2018 年以前，注册会计师在对北京银行西单支行进行询证时，其回函均显示账面资金正常。但是自 2018 年开始，北京银行在给瑞华会计师事务所（特殊普通合伙）的银行回函中显示，"银行存款该账户余额为 0 元，该账户在我行有联动账户业务，银行归集金额为 122 亿元"。由于对这笔资金的真实性存疑，瑞华会计师事务所（特殊普通合伙）对康得新 2018 年年报出具了无法表示意见。2019 年 6 月，康得新管理层承认控股股东与北京银行签订了《现金管理合作协议》，被侵占归集资金 122 亿元，并且有 1.4 亿元的存款利息单为证明。

2019 年 7 月，中国证券监督管理委员会认定康得新采用虚构销售业务等方式虚增营业收入，并通过虚构采购、研发、生产和产品运输费用等方式虚增营业成本、研发费用和销售费用，导致其 2015~2018 年累计虚增利润总额 119.21 亿元。康得新不仅年报数据几乎都是造假得出的，其账面上的巨额资金 122 亿元后来也被证实是银行内部配合的虚假记载。信息披露违规方面，康得新将募集到的原计划用于支付设备采购款的 24.53 亿元进行多次转手，最后又全部回到了康得新的账户上，被用于偿还银行贷款、虚增利润等，康得新在对外披露时隐瞒了募集资金的具体使用情况。不仅如此，为了给母公司康得集团提供担保，康得新的子公司和其他企业签订了《存单质押合同》，康得新也同样在年报中隐瞒了关联担保的情况。①

2021 年 7 月 30 日，康得新收到了中国证监会下发的《行政处罚决定书》（处罚字〔2021〕57 号），要求公司责令改正，给予警告，并处以 60 万元罚款。康得集团和康得新的高管及相关负责人也分别受到了相应的处罚。同时，康得新审计机构瑞华会计师事务所（特殊普通合伙）因在康得新

---

① 中国证券监督管理委员会官网发布的《证监会对康得新等企业处罚及禁入告知》。

造假事件中未能做到勤勉尽责，也受到了中国证监会的立案调查。2021 年 4 月 6 日，深交所发布了《关于康得新复合材料集团股份有限公司股票终止上市的公告》。4 月 14 日，康得新进入退市整理期。5 月 31 日，康得新正式从深交所退市。

后　记

当今世界正经历百年未有之大变局，而大变局最重要的变化就是全球经济格局的演变。在全球经济格局发生深刻演变的背景下，传统的生产方式和商业模式发生了颠覆性变革，各国资本市场的运行环境和逻辑也发生了深刻变化。建立在高质量的财务报告准则、审计准则、职业道德守则和严格的监管体系之上真实有效的财务信息，成为推动经济健康发展以及确保金融体系稳定的关键因素。与此同时，近年来上市公司财务舞弊和欺诈行为的频发也引发了社会公众对于会计师职业道德行为的质疑。在我国推进国家治理体系和治理能力现代化的进程中，作为规范会计师职业行为的重要制度安排，会计师职业道德守则的作用不言而喻。为此，我从 2015 年开始就持续追踪国际会计师职业道德准则理事会对国际职业会计师道德守则所做的一系列改进工作，包括对利益冲突、个人与审计或鉴证客户的长期关系、违反基本原则的压力、会计师应对违反法律法规行为、职业怀疑与职业判断、提供与接受礼品或款待行为、非鉴证服务和收费、提供和接受利益诱惑等内容先后进行的修订和发布的阶段性声明，以及国际会计师联合会监督委员会、美国公众公司会计监督委员会和以中美两国为代表的有关职业道德行为守则的动态。在收集相关材料的过程中，我发现职业道德守则就像法律制度和会计、审计准则一样，仅仅被动地关注各个阶段不同内容的更新是远远不够的，这对于职业道德守则的完善和实务工作的改进无法起到根本性的引领和指导作用，探究职业道德守则不断演进背后的理论基础和推动因素成为最重要也是最为关键的问题。

本书从确定题目开始，到对结构内容进行反复的调整修改，直至最终成稿历时两年多的时间，查找文献及相关资料400余篇。在这两年多的时间中，国内外资本市场发展条件不断变化，康得新、康美药业等一系列舞弊事件的发生及由瑞幸咖啡引发的中概股信任危机再次引发了世界各国对于会计职业道德的高度关注。推动会计职业道德制度的完善，特别是数字经济时代加强对会计师职业道德行为的规范和约束，不断健全和完善会计信息质量控制体系，对于提升上市公司财务信息质量，适应新形势下资本市场高质量发展的要求日益重要。如何把握会计师职业道德守则的变革趋势并将基本原则和概念框架全面一致地应用于会计人员所面临的各种道德困境，从而更好地全面提升并增强会计师识别、评价和应对各种不利影响的能力，成为数字经济时代会计师职业道德守则亟待解决的主要问题。

各种国内外因素的变化使得本人在写作过程中愈加深刻地感受到进行这一研究的重要意义。本书的写作难度虽然很大，却是一次极为难得的学习机会，特别是随着相关研究逐步开始聚焦职业道德领域以及即将要给会计专硕讲授"商业伦理与会计职业道德"这门课程，因此本书的写作对我而言更是一次对于商业伦理和会计职业道德进行深入研究的宝贵经历。

在本书的写作过程中，我得到了中国社会科学院财经战略研究院、中国社会科学院工业经济研究所以及中国社会科学院大学科研处、商学院、教务处、规划与评估处和学位办等各部门领导和同事不断的鼓励和无私的帮助。特别感谢南京审计大学的陈汉文教授，作为国内会计界与审计界的权威学者，正是陈老师的不断启发和指导，才让我有了继续完成本书的信心和力量。感谢南京大学的李明辉教授，对于写作过程中遇到的一些疑惑和问题，李老师给予了我专业、耐心的解答。感谢北京信息科技大学葛新权教授和中央财经大学曹强教授在本书写作过程中给予的支持和鼓励。感谢我亲爱的家人们，是你们的爱和付出支撑我完成了本书的写作。

本书的写作激发了我进行系统研究的兴趣，也使我认识到自身在专业素养和技能上的不足。学术之路，道阻且长，行则将至。我希望自己能传承这句话，一直沿着科研的道路走下去，未来以更加严谨的态度、更加专业的精神，继续深入开展相关的学术研究，以期得到更丰富、更有价值的研究成果。

蒋 楠

2023 年 3 月 20 日于北京

图书在版编目（CIP）数据

会计师职业道德守则制度变迁及影响因素研究／蒋
楠著 . --北京：社会科学文献出版社，2024.5（2025.9 重印）
（中国社会科学院大学文库）
ISBN 978-7-5228-3719-2

Ⅰ.①会…　Ⅱ.①蒋…　Ⅲ.①会计师-职业道德-研
究-中国　Ⅳ.①F233

中国国家版本馆 CIP 数据核字（2024）第 110963 号

中国社会科学院大学文库
会计师职业道德守则制度变迁及影响因素研究

著　　者／蒋　楠

出 版 人／冀祥德
责任编辑／王晓卿
文稿编辑／王红平
责任印制／岳　阳

出　　　版／社会科学文献出版社·文化传媒分社（010）59367156
　　　　　　地址：北京市北三环中路甲 29 号院华龙大厦　邮编：100029
　　　　　　网址：www. ssap. com. cn
发　　　行／社会科学文献出版社（010）59367028
印　　　装／唐山玺诚印务有限公司

规　　　格／开　本：787mm×1092mm　1/16
　　　　　　印　张：12.75　字　数：209 千字
版　　　次／2024 年 5 月第 1 版　2025 年 9 月第 2 次印刷
书　　　号／ISBN 978-7-5228-3719-2
定　　　价／88.00 元

读者服务电话：4008918866